작은 자의
떨리는

　　고백

작은 자의 떨리는 고백

류관순 지음

주님 사랑합니다,
주님 감사합니다.

좋은땅

목 차

프롤로그 : 지난 12년의 주바라기와 감사일기 _ 8

**제1장 말씀 :
능력 주는 영적 양식**

     1. 1년 치 양식(2018년 : 이사야 40장 31절) _ 16
     2. 2019년 말씀 양식 : 아가 2장 10절 말씀 _ 21
     3. 2020년 말씀 양식 _ 26
     4. 2021년 말씀 양식 _ 31
     5. 신약 필사(믿음의 고백) _ 36
     6. 세 번 부인할지라도 : 베드로를 보며 _ 41
     7. 구약 필사(잠 못 드는 밤) _ 46
     8. 노아 방주 _ 51

**제2장 기도 :
호흡이며 영적 전쟁 승리의 힘**

     9. 미디어를 틈탄 어둠의 영 _ 58
     10. 분노에 잠식된 하루 _ 62

11. 분노는 자란다 _ 67
12. 명의이전 1 _ 71
13. 명의이전 2 _ 75
14. 기도 중에 치유 _ 80
15. 성령 체험 _ 85

제3장 은혜 :
하나님의 값없는 사랑

16. 일주일간의 기적 _ 92
17. 담쟁이처럼 _ 97
18. 벌거벗은 나무(나목) _ 101
19. 하늘 도화지 _ 105
20. 맨발로 걷는 것은 _ 109
21. 맨발의 유익 _ 114
22. 미리 막으신 사고 _ 118
23. 고속도로 위 기도회 _ 123

제4장 구원 :
하나님의 마지막 지상 명령

24. 아이들에게 복음을 1 : 하나님의 질문 _ 130
25. 아이들에게 복음을 2 : 복음 제시 _ 135

26. 들음의 누적 : 아이들의 변화 _ 141

27. 주일 아침, 비전센터의 풍경 _ 145

28. 좋은 교회 다니기 _ 149

29. 기도 응답, 멘토 _ 154

30. 쓰임의 도구 _ 159

31. 내려놓아라 _ 163

제5장 사랑 :
사랑받는 자녀의 새로운 출발

32. 첫사랑의 뜨거움 _ 168

33. 진짜 사랑한다면 _ 172

34. 예수님, 사랑합니다 _ 176

35. 한 번도 상처받지 않은 것처럼 _ 180

36. 눈물 나무 _ 185

37. 빛 가운데 : 크고 작은 구멍 _ 189

38. 할머니가 되고 보니 _ 193

제6장 감사 :
그저 감사, 깨달음이 감사

39. 감사일기 첫날의 풍경 _ 200

40. 기도할 수 있어 감사(딸 수술) _ 204

41. 작심삼일을 이긴 이유, 사랑과 감사 _ 209
42. 핸드폰과의 동행 _ 213
43. 꿈 이야기 _ 217
44. 피아노 조율하듯(부부) _ 221
45. 부부란, 함께 꿈꾸는… _ 226

에필로그 : 주님 사랑합니다, 주님 감사합니다 _ 230

프롤로그 :
지난 12년의 주바라기와 감사일기

이제 2012년 12월 29일부터 쓴 감사일기가 꼭 12년째 된다. 지난 12년 동안 어두운 터널을 통과하는 시간이고 문제를 하나님 앞에 내어 드리고 기도하면 해결되는 기쁨을 누리는 시간이었다. 14권의 감사일기 속에서 지금까지 베풀어 주신 하나님의 보살핌과 인도하심에 그저 뜨거운 눈물로써 감사기도를 드린다.

결혼 후 일 년쯤 지나 남편이 고시 공부하겠다며 은행을 그만두면서 나는 내 의지와 다르게 아내의 자리에서 학부모의 자리로 바꿔 앉게 되었다. 이후로 나의 삶은 전쟁터에서 싸움하는 일 중독자가 되었다. 나의 일이 제품을 유통하는 것에서 함께 일할

파트너를 찾고 함께 팀워크로 하는 일이다 보니 늘 리더십과 인간관계가 문제 된다. 그러면서 줄곧 찾았던 것이 다양한 교육프로그램이고 자기계발서의 책들이다. 수많은 자기계발서를 읽으면서 따라가기에 급급하다 보니 언제나 자책으로 돌아온다. 나는 왜 이것밖에 되지 않는지, 도대체 나 자신을 사랑할 수가 없다. 나는 항상 목표를 정하고 계획을 세우는 것에 익숙한 사람인지 지나간 노트에는 온통 되고 싶은 모습과 갖고 싶고 가 보고 싶은 곳들이 줄지어 적혀 있다. 그러나 산다는 것은 늘 생각지도 못한 변수가 생기고 뜻대로 되지 않는 것이 정상인가 보다. 나는 마라톤 경기 같은 긴 인생을 100미터 단거리 선수 같이 열심을 내면서 급기야 사람들과 관계의 아픔과 일에 대한 스트레스로 공황장애가 찾아왔다. 나는 수시로 찾아오는 갑작스러운 호흡곤란에 '이러다 죽겠다.'라는 두려움이 들었지만 마치 잘못을 한 일인 것처럼 남들이 알까 봐 숨기기 급급했다. 나는 나 됨이 싫었고 늘 부족하고 점점 못난이가 되어 가면서 '보이지 않는 마음은 울고, 보이는 몸은 웃고 있는' 이중인격이 되었다. 지하철을 기다리며 땅속이라는 생각이 들면 숨을 제대로 쉴 수가 없어 곧바로 지상으로 올라와야 했다. 사람들이 많이 모이는 세미나

나 예배 시간에 창문이 보이지 않으면 불안하고 기도회 시간에 불이 꺼지고 개인기도 시간이 되면 가슴이 답답하면서 숨을 제대로 쉴 수가 없었다. 그러나 두려움의 생각 대신에 성령 충만을 되뇌다 보면 잠시 후에 거짓말처럼 괜찮아지는 것을 알기에 나는 버틸 수가 있었다. 병원에 갈 용기도 없거니와 장기적으로 약물을 복용해야 하는 경제적인 것뿐만 아니라 시간적인 것을 고려하지 않을 수 없었다. 숨을 편하게 쉬는 것이 얼마나 감사한 일인지…. 겨울의 찬 공기가 호흡을 통해 가슴 깊이 시원함을 느껴 보는 것이 소망이었다.

어느 날 지인을 통해 교회에서 하는 '행복 나눔 축제' 초대장을 받게 되었다. 그때는 얼마나 감사한 일인지 몰랐다. 내 선택이 아니라 하나님의 부르심이라는 것을 알게 되면서 하나님을 더욱 사랑하게 되었다. 예배드리면서도 몇 년을 힘들어했다. '내 인생의 주인은 나'라며 목표와 계획을 세우고 나 자신을 가만히 둘 줄을 몰랐다. 시간의 여유가 생겨도 불안해서 늘 무언가 할 일을 찾고 책이라도 손에 쥐고 있어야 마음이 놓였다. 이러면서 나는 양육 공부에 열을 내어 커다란 성과를 기대하듯이 몰두했다. 하나님을 알아가는 기쁨으로 나의 환경과 처지는 문제가 되지 않고 문제를 해석하는 태도가 바뀌었다. 매일 적는 감사일기는 내가 얼마나 행복하고 사랑받는 사람인 줄을 알게 해 주고 나를 견인해 가는 힘이 되어 주었다. 그리고 가장 귀한 것은 기도할 수 있다는 것이다. 그것도 전지전능하신 분이 나의 아버지가 되어 나의 기도를 듣고 계신다는 것은 생각만으로도 힘이 난다. 나는 기도를 어떻게 해야 하는지 몰라 금요 기도회에서 성령 충만만을 읊조리다 돌아온 적도 여러 번이었다. 해결할 문제와 필요한 것을 구할 것이 많은데 해결할 수 있는 능력을 달라는 기도를 할 수 있는 힘도 생기기 시작하고 매번 금요 기도회 목사님의 말씀은 무지했던 영적 세계를 알게 하고 기도가 내 삶에 강력한 무기가 되었다. 여기에 상상력까지 동원되어—염려와 두려운 생각을 나의 의지로 힘들게 이기려는 것이 아닌—예수님의 이름과 보혈의 능력을 덧입는 은혜를 알게 되었다. 금요 기도회는 사랑하는 사람을 만나러 가듯 나는 늘 설렌다. 아침부터 일을 끝내고 약속을 잡지 않는다. 오전에 찬양을 들으며 성령님을 사모하며 저녁 식사도 최대한 적게 옷차림도 가볍게 입는다. 기도 중에 난 늘 온몸이 땀으로 젖고 매번 눈물의 기도를 드린다. 왜 이리 지은 죄가 큰지 늘 눈물로 회개하는 시간이고 아픈 상처가 드러나서 엉엉 울게 된다. 이렇게 떼를 쓰며 투정을 부릴 때도 영적 군사가 되어 악한 영과 전투할 때도 하나님은 언제나 한결같이 나의 편이 되어 주신다.

 기도할 수 있는 은혜가 얼마나 감사한 일인지 알게 해 준 사건이다. 힘에 겨운 시기에 남편의 발바닥 피부암 수술이 있었다. 수술은 간단하였지만, 거동이 불편한 두어 달 동안 나는 나의 일을 제대로 할 수 없어 경제 상황은 고스란히 마이너스가 되었고…. 이어진 고3 딸의 난소암 수술은 겨우 버티고 있는 나에게 지탱할 힘을 빼앗아 가는 일이었지만, 아이러니하게도 나는 가장 감사한 시간이 되었다. 그저 전지전능하신 하나님이 나의 아버지라 딸을 위해 맘껏 기도할 수 있어 감사하고, 기도해 주시고 힘내라고 응원해 주신 분들이 감사하였다. 그리고 살아 있다는 것만으로 모든 것이 감사한 일임을 뼈저리게 느끼게 되었다. 남편과 나에게 딸에 대한 사랑과 하나님을 바라보는 가정으로 회복시켜 주셨다. 그리고 비로소 자녀의 특권인 기도라는 무기와 응답이라는 기쁨을 체험하며 사는 이가 되었다.

2016년 6월 19일, 로마서 10장 9~13절 "마음으로 믿고 입으로 시인하고"라는 제목의 주일 설교 말씀 중에 내 마음에 강하게 『작은 자의 떨리는 고백』이라는 간증 제목을 주셨다. 나는 하나님의 뜻이 아니면 사라지기를 여러 번 기도하였다. 왜냐하면 나는 누군가에게 읽혀야 하는 간증 글을 쓸 만큼 재능이 있는 것도, 지금 나의 모습이 누군가에게 모범이 되는 신앙인도 아니기에 나는 오히려 부끄러움을 자초하는 사람이 될 것 같았다. 그러나 12년 전 감사일기 시작 때 내 삶의 가치관과 지금 나의 가치관은 분명 확연히 다르다. '내 삶의 주인은 나다.'라며 나를 앞세워 주인의 자리에 있었던 맘몬의 영과 치열하게 싸우며 승리하였다. 지금은 분명 하나님께서 나의 주인이고 나는 그의 종이다. 나는 2022년 말씀 양식인 시편 81편 10절 "나는 너를 애굽 땅에서 인도하여 낸 여호와 네 하나님이니 네 입을 크게 열라. 내가 채우리라."라는 말씀을 붙들고 기도하면서 자신 없는 글이지만 솔직하게 쓰기 시작했다. 마음 한편에 '작은 자이니까 모든 것을 이해해 주시지 않을까?' 하는 기대를 하면서 예전에 내가 그러했던 것처럼 공황장애의 두려움이나 경제적 어려움으로 울고 싶은데 내색하지 않고 참는 것이 최선이라는 분들과 함께 울어 주고 싶은 마음으로 글을 쓴다. 그리고 하나님을 만나 모든 것이 새롭게 보이는 삶을 안내해 주고 싶다. 하나님, 사랑합니다. 그리고 감사합니다.

2024. 12.

제1장 말씀 :

능력 주는
영적 양식

1

1년 치 양식
(2018년 : 이사야 40장 31절)

해마다 12월이 되면 나는 하나님께 다음 해 1년 동안 살아갈 말씀 양식 주시기를 구한다. 한 해 동안 나의 삶을 지탱해 갈 말씀을 사모하며 하나님께 기도하는 시간이 된다. 성경을 읽거나 설교 말씀 중에 하나님께서 나의 마음에 감동을 주시는 말씀 구절이나 말씀 영상을 보거나 책을 읽으면서도 하나님께 질문하며 민감하게 교통하면서 1년 치 양식을 준비한다. 그리고 말씀이 정해지면 여러 장의 포스트잇에 말씀을 적고 코팅하여 책상과 화장대, 그리고 지갑과 핸드폰에 넣고 남편의 책상 위에도 붙여 놓는다. 고개만 들면 보이는 곳마다 붙여 나에게 각인되게 한다. 어느 해는 노란 병아리 모양 포스트잇이 붙고 어느 해는 곰

돌이 스티커가 붙어 있다. 그리고 분홍색과 주황색의 하트 포스트잇이 나를 견인할 때도 있다.

2018년의 말씀은 "오직 여호와를 앙망하는 자는 새 힘을 얻으리니 독수리가 날개 치며 올라감 같을 것이요. 달음박질하여도 곤비하지 아니하겠고 걸어가도 피곤하지 아니하리로다."(이사야 40:31)이다. 이 해는 타고 다니는 차가 오래되었고 잦은 접촉사고 건수가 많아서 외관상으로 민망할 만큼 보기도 좋지 않지만, 계속되는 고장으로 새 차를 사거나 아니면 꽤 많은 돈을 들여서 한꺼번에 모든 부품을 갈고 정비해야 하는데 어떻게 할지 고민하는 중이었다. 그러면서 나는 집에서 꽤 먼 거리의 반야월까지 일주일에 2번씩 관리지원을 시작했다. 오고 가는 도로에서 보는 독수리(?) 날개 모양 엠블럼의 승용차를 볼 때마다 말씀 양식을 암송하다 보니 하루에도 수십 번씩 암송하게 되고 말씀이 입에 붙어서 관리 중에도 읊조리게 되었다. 그러면서 나는 경제력을 전혀 고려하지 않고 독수리 날개 모양의 엠블럼 차를 가질 것 같은 착각이 들 정도로 꾹 찌르면 입에서 줄줄 나올 만큼 말씀의 양식을 먹었다.

예뻐지고 젊어지기를 원하는 분들을 만나서 관리지원을 하며 파트너에게 도움을 주려고 시작한 내 일인데 왜 그리 아픈 분들이 많은지…. 목과 어깨가 뭉쳐서 통증이 있는 분, 등이 아픈 분, 림프가 막혀 순환이 안 되는 분, 관절을 너무 많이 사용해서 수술 날을 잡아 놓고 통증 줄이기를 원하는 분, 과수원에서 일하다 사다리에서 떨어지는 사고로 수술하고 아직 다리가 불편해하는 분. 아픈 사람들 속에서 나는 나의 능력과 체력 이상의 일을 하고 있었다. 이른 봄, 목련꽃은 제대로 보기도 전에 떨어져 버렸고 관리받으러 오시는 분들이 몇십 년 만에 역대급 불볕더위 날씨라고 말을 하지만 나는 좁은 관리실에서 꽉 짜인 관리 일정표를 소화하느라 여유롭게 점심을 먹을 시간이 없을 만큼 하루에 만나야 하는 사람들이 많았다. 아침 8시의 첫 관리 약속을 지키려면 늦어도 한 시간 전에는 출발해야 했고 목적지에 도착하고는 남은 10분에서 15분 알람을 맞춰 놓고 차에서 짧은 시간 깊은 숙면을 하는 버릇이 생겼다. 그래도 돌아오는 피드백에 힘을 얻고 신나게 일하면서 지냈다. 나는 '이러다 독수리 날개 모양 엠블럼의 차를 탈 수 있지 않을까?' 하는 마음도 살짝 올라왔으나 늘 차를 꼼꼼하게 점검해 주시는 고마운 정비소 사장님과 의논해서 200만 원의 돈으로 새것처럼 정비도 하고 겉도 바꾸게 되었다. 새 차를 사는 경제적 부담도 사라지고 이 차를 지금까지 타고 있으니 정말 감사한 일이 아닌가?

가을의 알록달록한 단풍의 계절에도 두꺼운 코트를 입는 겨울 날씨에도 나는 여전히 많은 분을 만났다. 그리고 12월이 되고 하나님께서 제게 주신 감사한 일들을 적어 보며 내년의 말씀 양식 주시기를 기도하면서 한 해 동안 베풀어 주신 하나님의 보살핌에 감사함으로 펑펑 울게 되었다. 생각이 미련하고 바빠서 미처 깨닫지 못하였다. 한 해 동안 피곤할 줄도 모르고 한 번도 약속을 어긴 적이 없이 건강하게 관리지원을 할 수 있었던 것은 살아서 역사하는 하나님 말씀의 능력 때문이라는 걸 깨닫게 되었다. 생각지도 않게 시작하게 되었고 많은 분의 좋은 피드백과 지치지 않았던 나의 체력도 모두 말씀의 양식을 먹어 건강하였다는 것을 깨닫게 되었다.

이번 주말에 반야월을 다녀왔다. 파트너 사장님과 그때의 일을 신나게 이야기 나누며 관리하면서 만난 분들의 안부를 들었다. 이후로 바통을 받아 지금까지 관리하고 계셔서 참 감사한 일이다. 해마다 12월이 되면 프랭클린 다이어리의 1년 치 속지를 사듯이 나는 기도하면서 내년에 주실 1년의 양식인 말씀이 어떤 말씀으로 나에게 다가올지 떨리는 마음과 기대하는 마음은 나만의 설렘이다.

2

2019년 말씀 양식 :
아가 2장 10절 말씀

나는 매년 12월이 되면 사람들을 만나 떠들썩하게 보내는 모임을 자제한다. 조용히 가족들과 행복한 시간을 보내며 올해 하나님께서 주신 말씀 양식에 비추어 나를 돌아보며 회개하는 시간과 미처 깨닫지 못한 부어 주신 은혜를 감사드리며 한 해를 정리한다. 그리고 하나님께 기도하고 말씀을 읽고 찬양을 들으며 내년 1년 치의 말씀 양식이 하나님께서 주시는 감동으로 생각나거나 찾아지는 환경에 있기를 간구한다.

새롭게 다가오는 2019년을 살아가는 데 꼭 필요한 말씀의 양식을 공급받기 위해 나는 하나님께 간절한 마음으로 기도를 드린다. 그리고 마음에 주신 감동의 말씀이 "나의 사랑하는 자가 내게 말하여 이르기를 나의 사랑, 내 어여쁜 자야 일어나서 함께 가자"(아가 2:10)라는 말씀과 "차츰차츰 안개는 걷히고 하나님 지으신 빛이 뚜렷이 보이리라"라는 〈하나님은 실수하지 않으신 다네〉의 찬양 구절이다. 노랑 병아리 모양의 포스트잇 두 장을 붙여서 각각 말씀과 찬양의 구절을 적고 여러 장 코팅하였다. 그리고 지난 말씀 양식을 떼어내고 다시 책상과 화장대에 붙이고 남편의 책상 위와 늘 손에 쥐고 다니는 핸드폰에 끼우고 나니 마음에 기쁨이 가득하다.

신년 예배 때 목사님의 말씀과 어느 집사님의 간증을 울고 웃으며 들으면서 나는 천방지축 어린아이 시절을 잘 성장할 수 있게 따끔한 조언을 주고 명쾌하게 인도해 주신 고마우신 사모님이 생각났다. 한 번도 말로 표현한 적은 없었지만, 마음으로, 영적 부모님으로, 신앙의 멘토로 간간이 전화를 드리면 나의 영적 상태와 궁금한 것을 늘 해소해 주셨다. 나는 지난 몇 년 동안 감사함을 잊고 지낸 것이 죄송하여 안부 인사를 드리게 되었다. 반갑게 그동안 어떻게 지내는지 이야기를 나누면서 생각도 하지 않았던 1년 동안 배우는 제자반 양육 공부를 권유받게 되었다. 말씀에 순종함으로 일단 신청해 놓고 나니 마음에 '과연 내가 감당할 수 있을까?' 하는 염려가 되었다. 1년 동안 작은 예수로 살아 내기 위해 나는 인내해야 할 것이 많았다. 그만큼 나는 기본이 되어 있지 않았기에 익숙하게 여겨야 하는 새벽기도와 주일 저녁 예배드림이 마치 해내야 하는 과제로 힘들게 다가왔다.

매주 목요일 저녁, 목사님과 함께하는 집사님들과의 양육 공부를 통해 나를 돌아보는 회개의 시간이고 어렵게 느껴졌던 민수기 말씀의 큐티 시간을 통해 미처 생각지도 못한 하나님의 뜻을 알아가는 기쁨과 다른 분들 말씀의 깊이를 느끼며 하나님을 사모하는 심정을 배우게 되었다. 말씀을 찾아 적고 교재를 충분히 예습하지 못한 날에 질문을 받게 되거나 암송한 말씀이 입에 붙지 않는 날에는 심장이 터질 것 같이 콩닥거린다.

밤늦은 시간 집에 오면 바빠지기 시작한다. 다음 날은 새소식반을 하는 날이라 내가 맡은 부분을 암기해야 한다. 여러 번 읽어서 입 근육에 장착되지 않으면 집중하지 않는 아이들로 인해 한순간 지우개로 지우듯이 기억이 싹 지워진다. 그러면 당황하게 되고 얼굴이 붉어지고 아이들에게 티를 내게 된다. 공과 말씀을 가르쳐야 하는 주는 거의 매일 늦은 밤까지 잠을 설쳐야 한다. 그러나 신기하게도 매번 아이들을 위한 공과 말씀은 나에게 꼭 필요한 가르침의 말씀이다. 그래서 더 깊이 묵상하면서 말씀을 잘 전하게 되기를 기도한다. 그리고 듣는 아이들의 마음에 말씀이 심어지는 은혜를 구하며 연습에 연습을 더해야 한다. 이렇게 애를 쓰는 시간은 늘 주님과의 사랑을 나누는 시간이고 동행의 기쁨을 누리는 시간이고 감사를 노래하는 시간이다. 나는 환경이나 여건을 생각지 않고 그저 믿음의 부모님 말씀에 순종함으로 인해 훈련받는 동안 많은 불순물이 제거되고 작은 예수로 살아가는 힘과 비전을 다시 품는 시간이었다. 나는 사랑받는 하나님의 자녀가 되고 하나님과 함께 가는 길에서 하나님께서 내게 부어 주신 은혜를 말하고 싶다는 갈망이 일어난다. 오랜 시간 동안 막연하게 가지고 있던 나의 소망에 작은 불씨가 지펴진다.

전지전능하신 하나님 앞에 작은 자로서 떨리는 마음으로 '주님, 사랑합니다. 주님, 감사합니다.'라는 고백의 열망이 점점 강해지고 있다. 올해의 말씀 양식처럼 나는 하나님과 함께 보내는 시간을 통해 사랑과 감사하는 마음으로 한 해를 살았다. 그리고 내년의 양식을 구하기 시작한다.

3

2020년 말씀 양식

지난 한 해 동안 제자 반 공부하면서 나는 말씀 안에서 하나님의 자녀로 누리는 기쁨에 대한 감사와 예수님 십자가의 사랑을 전하는『작은 자의 떨리는 고백』의 소망을 가지게 되었다.

처음엔 과연 끝까지 할 수 있을까? 생각하며 시작하였는데 함께 함으로 서로에게 힘을 주고 응원하면서 잘 마무리할 수 있어서 참 감사하였다. 그리고 2020년을 살아가는 1년 치 양식을 구하는 기도를 하면서 '전진하라. 앞으로 나아가라.'라는 힘차고 긍정적인 말씀을 은근히 기대하며 성경 말씀과 선물로 받은 성경적 재정의 가치관을 적은 책을 읽으며 말씀의 양식 주시기를 기도한다.

'주님 한 분이면 충분합니다.'라는 고백을 하게 되면서 하나님께서 감동을 주신 말씀이 "내가 궁핍하므로 말하는 것이 아니니라. 어떠한 형편에든지 나는 자족하기를 배웠노니 나는 비천에 처할 줄도 알고 풍부에 처할 줄도 알아 모든 일 곧 배부름과 배고픔과 풍부와 궁핍에도 처할 줄 아는 일체의 비결을 배웠노라."(빌립보서 4:11~13)이다.

하트 모양의 주황색 포스트잇에 말씀을 적고 붙이면서 마음의 한편에는 '안주하라는 말씀인가?'라는 불편한 마음으로 시작하여 곧 자족이라는 말씀에 집중하게 되었다. 나는 늘 뭔가를 추구하며 나의 계획이 있고 내 것에 대한 애착을 두고 있다. 노력이라는 이름으로 엄청나게 뛰어다니며 산 것 같은데 언제나 부족하다는 생각과 채워지지 않는 목마름이 있고 더 노력해야 한다며 나 자신을 남과 비교하며 편안하게 보지 못했다. 그래서 나는 일을 하지 않을 때도 쉬는 법을 몰랐다. 그러나 2월이 되고 온 세상을 혼란에 빠뜨린 코로나 팬데믹으로 인해 나의 모든 일상이 강제적 중지가 되었다. 마스크를 쓰지 않으면 바깥을 나갈 수도 없고 어느 사람도 예외 없이 눈에 보이지 않는 바이러스 전파력에 공포를 느끼는 세상이 되었다. '만나는 사람들에게 혹시나 전염되고 또 전염시키게 되지나 않을까?' 하는 염려로 외출을 자제하고 집에만 있으니 불안하고 두려움의 마음이 증폭된다. 열심히 일하지 않으면 안 될 것 같아 쉬지 못하였던 나는 불안한 마음에 종일 찬양을 들었다. 그리고 신약성경 필사하면서 몰입을 경험하며 '내가'라고 했던 것들이 사라졌다. 그저 이렇게 가만히 있을 수 있으니 감사하고 이미 주어진 많은 것에 감사가 없었음을 회개한다.

나는 생각지 않게 처음으로 남편에게 생활비와 더불어 용돈을 받았다. 오랜 시간 동안 나는 하나님께 남편이 믿음의 가장이 되고 경제적인 가장으로 세워 주시기를 기도했다. 두려움과 염려 가운데서 힘들어하고 아파하는 지금 하나님께서 그 기도의 응답을 주셨다. 그리고 코로나로 인해 딸의 결혼식을 가족들과 식사로 대신하게 되었다. 딸의 임신은 '고3 때 난소암 수술로 인해 한쪽 나팔관을 제거해서 혹시 아기 갖는 게 어렵지 않을까?'

하는 나의 염려를 하나님께서는 거두어 주셨다. 코로나로 일을 쉬고 있어서 나는 이제까지 제대로 못 했던 엄마 노릇을 만회할 수가 있었다. 딸을 임신했을 때를 떠올려 딸과 함께 이야기를 나누면서 잊고 있었던 일들이 생각이 난다. 임신 내내 태교하느라 화분에 화초를 키우고 햇살 좋은 날 산책을 하며 늘 뱃속의 딸과 대화했었다. 그리고 딸을 만날 때 힘들지 않게 라마즈 호흡법을 익혀서 제일 늦게 분만실에 들어가 제일 빨리 분만을 해서 간호사들을 당황하게 하였다. 일하느라 자주 못 해 준 딸이 좋아하는 깻잎 김밥과 잡채를 만들어 주고 유튜브로 요리를 배워 가며 반찬을 만들어 부산으로 보내 주는 기쁨을 누릴 수 있었다. 딸이 사랑하는 미국인 아들이 만들어 주는 스테이크와 햄버거는 언제나 과식을 부를 만큼 맛있게 먹으며 소소한 행복을 누리는 시간이다. 그리고 딸과 아들은 거실에 성탄의 트리를 예쁘게 장식하고 여러 곳에 예쁨을 뽐내는 성탄의 소품을 놓아 사랑과 감사로 예수님의 생일을 준비하며 거실 창에 커다란 양말들을 걸어 두었다. 이때 하나님께서는 우리 가정에 귀엽고 사랑스러운 천사, 애나를 최고의 크리스마스 선물로 보내 주셨다.

2020년 한 해 하나님께서 자족을 배우고 훈련하는 마음을 주셔서 너무나 감사하다. 지금, 이 순간 나에게 있는 모든 것이 하나님으로부터 온 것임을 고백하니 나는 더 이상 보이는 것에 욕심을 내지 않게 된다. 나는 하나님의 섭리 안에서 주어지는 것에 감사하고 하나님의 뜻을 따라 살아가기를 결단하며 모든 것이 감사요, 기쁨이고 행복이다.

4

2021년 말씀 양식

　세상은 온통 코로나 팬데믹으로 불안해할 때 나는 감사와 행복한 시간을 누렸다. 엄마로의 삶에서 할머니가 되어 느끼는 세상은 참 다르게 다가온다. 애나가 태어나고 매일의 성장을 바라보며 한 생명의 소중함과 사랑함을 통해 나는 비로소 하나님의 마음을 조금 더 알 수 있는 것 같다. 나의 죄를 대신해서 독생자를 내어 주신 사랑의 크기를 감히 어떻게 알 수가 있겠냐마는 너무나 사랑스러운 애나를 보면서 그 마음을 느끼게 된다. 그리고 기꺼이 순종하신 예수님의 사랑에 그저 눈물로 찐한 마음의 울림을 대신한다. 나는 한 해를 보내면서 말씀 양식의 힘을 기대한다. 그리고 기도하며 2021년 한 해의 양식을 구하며 세밀하게 주어지는 감동을 놓치지 않으려고 깨어 있기를 소망한다. 그리고 "우리가 알거니와 하나님을 사랑하는 자 곧 그의 뜻대로 부르심을 입은 자들에게는 모든 것이 합력하여 선을 이루느니라."(로마서 8:28) 말씀을 받았다. 이 말씀을 적어 코팅해서 나의 방 책상과 화장대 그리고 남편 책상 위에도 올려 두었다. 그리고 핸드폰과 지갑에도 넣어 다니며 하나님의 일하심을 기대한다.

애나가 건강하게 자라서 백일이 되고 온 가족들을 부산으로 초대해서 함께 식사하기로 했다. 외식하기에는 아직 조심스럽거니와 딸과 아들이 집에서 모든 것을 준비하겠다는 말에 같이 애나를 돌보며 거들어 주기로 했다. 음식은 아들이 담당하기로 해서 나는 그저 애나랑 놀고 있지만 딸과 아들은 음식 레시피를 정하고 장을 보며 일주일을 준비하였다. 그리고 복잡하지 않고 여유롭게 식사하실 수 있게 점심 식사는 시댁 식구들과 저녁 식사는 친정 식구들로 따로 준비하니 양도 많아지고 번거로운 일인데 둘이 의논하고 준비하는 딸과 아들을 보면서 '참 예쁘다'라고 생각한다. …우리 부부 같으면 벌써 여러 번 시끄러운 소리가 오고 갔을 것이다.

호텔 뷔페에 버금가는 음식 차림에 애나 백일 축하를 해 주러 온 가족들은 모두 깜짝 놀라고, 가실 때 일일이 선물을 준비한 아이들의 마음이 나는 참 고마웠고 예쁜 애나와 더불어 우리 모두 행복한 시간이어서 감사하였다.

딸의 복직으로 애나를 돌보는 부산에서의 생활은 만만하지 않았다. 특히 아들과 언어 소통이 잘되지 않아 둘이 있을 때의 어색함과 애나를 돌보는 데서 오는 방법 차이를 좁히는 것이 어려웠다. 딸이 없을 때 있었던 일들을 우리는 각자 말하기를 주저하지 않았고 중간에서 느끼는 딸의 피곤한 감정을 알아줄 생각을 못 했다. 시간이 흐를수록 감정이 쌓여 결국 어느 날 드러나게 되었다. 우리는 딸을 중간에 두고 소파에 앉아서 서로의 생각을 주고받으며 긴 대화를 나누게 되었고 비로소 우리는 서로의 사랑을 확인하고 끈끈한 가족이 되었다. 딸과 아들은 나의 노파심을 잠재우며 현명하게 애나의 성장을 도와주고 있다. 할머니가 되어서 읽고 본 책과 영상을 나누며 언어가 다르고 문화가 다른 아들과 그리고 세대 차이의 장벽에서 오는 어려움을 우리는 소소하게 부딪히면서도 잘 극복하였다. 이제는 농담하고 장난을 치며 놀고 있다. 눈짓, 몸짓으로 통하고 짧은 말은 대충 들어 이해되는 것이 감사하다. 아들의 섬세함과 젠틀함으로 어디에 있든지 딸을 사랑하고 안전하게 보호해 줄 믿음을 가지게 되었다.

애나의 돌잔치는 애나가 진정한 주인공이 되는 날이다. 애나는 너무나 귀엽고 사랑스럽게 자랐고 늘 "안녕!", "고마워."라며 우리 모두에게 행복한 웃음을 띠게 해 준다. 밝은 성품의 애나의 인사성은 마주 대하는 모든 사람의 무덤덤한 표정을 환하게 바꾸어 주는 신기한 매력이 있다.

부산에서 보낸 한 해는 가장 행복한 시간이었고 소중한 시간이 되었다. 그리고 온 가족의 관심과 사랑에 감사함을 느끼는 시간이었고 구약 필사하면서 하나님의 말씀이 꿀송이처럼 달아서 잠 못 이루는 시간이 많았다. 그리고 2022년 말씀 양식으로 마음에 감동으로 와 준 말씀이 시편 81편 10절 "나는 너를 애굽 땅에서 인도해 낸 여호와 네 하나님이니 네 입을 크게 열라. 내가 채우리라 하였으나"이다.

나는 2022년의 말씀 양식을 먹으며 생활하고 있다. 건강하고 씩씩한 둘째 브랜든이 태어나고 매일매일 한순간이라도 놓치지 않겠다는 마음으로 온 정성을 쏟으며 함께한 시간이었다. 그리고 8월, 브랜든이 백일이 채 되기 전에 딸의 가족은 미국으로 떠났다. 딸과 아들 그리고 애나와 브랜든과 많은 추억을 가슴에 간직하게 해 주신 하나님께 감사드린다. 아이들을 위해 함께 생활하고 나누었던 일상의 삶은 아이들을 위한 기도의 삶으로 대체되었다. 그리고 하루의 첫 시간을 하나님 앞에 입을 크게 열어 부르짖어 기도한다. 일을 행하시는 여호와, 그것을 만들며 성취하시는 여호와를 기대하며 네가 알지 못하는 크고 은밀한 일을 간구하며 지난 시간을 되돌아보며 감사의 시간을 보내고 있다.

5

신약 필사
(믿음의 고백)

　자녀에게 유산으로 신앙과 더불어 물려줄 성경 필사하고 계시는 분을 만났다. 나도 이분처럼 딸이 믿음의 배우자를 만나고 하나님을 예배하는 가정을 이루는 엄마의 소망을 담은 성경 필사를 선물로 주고 싶었는데 마침 교회에서 필사하는 용지를 구매할 수 있고 필사한 사람에게는 책으로 제본해 준다는 말에 그동안 가지고 있던 소망을 행동으로 옮기었다. 막상 신약 말씀의 필사 분량에 맞춰 용지를 사고 보니 '이 많은 분량을 과연 내가 끝낼 수 있을까?' 하는 의구심이 생기지만 성경 필사의 목적이 하나님을 향한 사랑의 표현이고 딸을 위한 기도이기에 매일 작은 분량을 필사하더라도 끝까지 해 보자는 마음으로 시작하게 되었다. 마태복음 1장 1절 "아브라함과 다윗의 자손 예수 그리스도의 계보라." 말씀을 적기 시작하니, 마치 거대한 일을 하기 전에 출정식을 치르는 듯 나는 가슴이 두근거리고 손이 떨린다. 한 자의 오타도 없이 적기 위해서 성경을 읽고 또 읽어 가며 차분히 적어야 한다. 오타가 생기면 기꺼이 새 용지로 다시 적기를 반복하고 한 획을 잘못 적으면 커터 칼로 살짝 긁어도 보고 다시 고쳐 가며 온 정성을 들여 적는다. 한 장을 거의 마무리하다가도 잠시 딴생각이 들어오면 여지없이 오타가 생겨 다시 쓰기를 반복한다.

이러다 보니 쓴 용지보다 버려지는 용지가 더 많아지면서 나의 의지나 노력만으로 성경 필사를 끝낼 수 있는 것이 아니겠다는 생각이 들었다. 그래서 나는 매일 딸에 대한 소망을 하나님께 기도하고 작은 소리로 읊조리듯 성경을 읽어 가며 필사했다. 예수님께서 이 세상에 오셔서 행하신 수많은 치유와 가르침들 속에서 직접 말씀하신 구절을 필사할 때는 마치 나도 예수님의 제자처럼 함께 말씀 듣는 이가 되어 '아멘'으로 화답하며 성경책처럼 빨간 볼펜으로 달리 적었다. 나는 예수님과 동행하듯 필사하면서 수많은 죄의 자리에 있는 자가 되고 또한 군중 속에서 십자가에 못 박으라고 소리치는 자가 되기도 한다. 이렇듯 죄인인 나에게 예수님의 십자가 보혈은 나를 얼마나 사랑하시는지 알려주는 하나님의 표징이며 기꺼이 순종하신 예수님의 피 값으로 나는 그저 은혜를 누리는 삶이 한없이 감사하다. 부활의 소망 가지고 사는 이로서 기쁨을 어떻게 표현할 수가 있을까? 사도행전 제자들의 삶이 곧 나의 삶에 본이 된다. 오순절 마가 다락방의 기도 중에 성령 충만함으로 제자들에게 임한 능력이 오늘 나에게 일어나기를 소망하며 종일 성령 충만을 읊조리기도 한다.

성경 필사를 시작하고 두 달이 채 지나지 않아 코로나로 온 세계가 팬데믹에 빠져 있을 때 우리나라와 교회도 비켜 가지 못하였다. 눈에는 보이지 않는 바이러스로 사람들이 두려움과 불안의 감정에 빠졌다. 나 역시 하던 생업을 갑자기 멈추게 되면서 마음의 불안과 스트레스로 인한 우울한 감정이 들고 갑자기 주체할 수 없는 시간으로 공허함이 찾아왔을 때 성경을 필사하고 있어서 얼마나 감사한 일인지 모른다. 남편이 출근하고 퇴근하기까지 종일 책상에 앉아서 불안의 감정 대신에 필사하면서 위안을 얻었다. 로마서 8장 35~39절 말씀을 필사하면서 한참을 울었다. "누가 우리를 그리스도의 사랑에서 끊으리요 환난이나 곤고나 박해나 기근이나 적신이나 위험이나 칼이랴 …. 그러나 이 모든 일에 우리를 사랑하시는 이로 말미암아 우리가 넉넉히 이기느니라 …. 다른 어떤 피조물이라도 우리를 우리 주 그리스도 예수 안에 있는 하나님의 사랑에서 끊을 수 없으리라." 아멘. 바울 사도의 어떠한 어려운 환경이나 죽음보다 더 강한 믿음의 고백을 읽고 또 소리 내어 읽으면서 바울의 고백이 나의 고백이 되기를 기도한다. 하나님, 그렇습니다. 어떤 것으로도 하나님의 사랑을 끊을 수 없으며 하나님을 향한 나의 사랑 또한 누구도 끊을 수 없습니다.

이른 아침부터 늦은 밤까지 필사하다 보니 3개월 만에 신약 필사를 끝낼 수가 있었다. 미련하리만큼 시간 가는 줄 모르고 책상에 붙어 있던 엉덩이가 해낸 일이다. 500페이지가 넘는 분량과 12개들이 볼펜 한 통을 다 쓰고 모자랐다. 이렇게 마무리하고 나니 마음이 뿌듯하고 기쁘다. 그리고 용지와 볼펜을 주문해 주고 필사한 말씀의 제목과 장들을 형광펜으로 색칠하고 페이지를 일일이 적어 주면서 혹시 실수로 모르고 지나간 곳이 있는지 확

인해 주는 남편의 수고가 더해져 최선을 다해 쓴 성경 필사가 되었다. 그리고 미리 준비해 둔 바인더에 끼우고 보니 남편과 함께한 딸을 향한 최고의 사랑이고 최고의 보물이 되었다. 남편도 이렇게 끝까지 마무리한 내가 신기하고 대단하다며 엄지척한다.

때마침 딸에게 청혼한 예비 미국인 사위를 만날 때 사위가 마음을 담아 직접 쓴 편지를 전해 줄 때 나는 필사한 성경을 선물로 가져갈 수 있어서 더욱 행복한 만남이 되었다. 딸을 향한 사랑의 마음이 나라가 다르고 언어가 자유롭게 소통되지 않았지만, 우리를 하나 되게 만들었다. 그리고 나는 듬직하고 사랑스러운 아들을 주신 하나님께 감사드리며 코로나로 멈춰 있는 하나님을 예배하는 믿음의 자리로 돌아갈 수 있게 되기를 기도한다. 그리고 덤으로 나는 성경 읽는 것이 필사 이전보다 훨씬 수월해지고 말씀이 마음에 더 깊은 여운으로 남는다. 10번 읽는 것보다 찬찬히 1번 필사함으로 말씀을 더 잘 아는 계기가 되었다. 내 안에 주님의 언어인 말씀이 더 풍성해지므로 나는 주님과 더 잘 소통되어 간다. 그리고 딸의 결혼과 임신은 나로 딸의 가정을 위해 기도하는 마음으로 구약 말씀 필사를 시작하게끔 하였다.

6

세 번 부인할지라도 :
베드로를 보며

신약 필사를 하면서 한 장을 실수로 세 번이나 쓰게 되었던 말씀이 예수님을 향한 베드로의 신앙고백이다.

마태복음을 필사하면서 16장을 다 쓰고 보니 어이없게도 필사 노트 구멍이 반대라 다시 쓰게 되었고 또, 27절 말씀 대신에 26절 말씀을 두 번 적는 실수를 하다 보니 결국 세 번이나 "주는 그리스도시요. 살아 계신 하나님의 아들이시니이다."를 쓰게 되었다. 이렇게 하여 베드로의 고백이 나의 고백이 되는 은혜의 시간이 되었다.

나는 예수님의 제자 중에 베드로를 좋아한다. 다소 성급하고 참을성이 적은 사람인 것 같지만 단순함에서 나오는 힘이 느껴진다. 나와 달리 생각이 복잡하지 않아 나처럼 이리저리 잔머리를 굴리지 않고 오직 예수님 한 분에게 꽂혀 사는 삶이 부럽다. 고기 잡던 어부였던 베드로와 그의 형제 안드레에게 마태복음 4장 19절 말씀 '나를 따라오라. 내가 너희를 사람을 낚는 어부가 되게 하리라' 하시는 예수님의 부르심에 그들은 곧 그물을 버려두고 따랐다고 한다. 그들은 "예수님, 잠깐만요. 저희에게 생각할 시간을 주세요."라고 말하지 않았다. 지체하지 않는 순종의 마음이 나는 부럽다. 나에게는 늘 손익을 계산하며 이것저것 재는 나쁜 마음이 있다. 그래서 늘 좋은 것으로 예비하시는 하나님께 온전히 순종하지 못해 빙빙 둘러 다니느라 시간을 허비한 일이 많았다는 것을 이제 깨닫는다.

마태복음 14장 22~33절 말씀에는 한밤중에 바다 위를 걸어오시는 예수님을 보고 놀라 유령이라 무서워하는 제자들의 소리에 예수님께서는 "안심하라 나니 두려워하지 말라." 하셨고 베드로는 "만일 주님이시거든 나를 명하사 물 위로 오라 하소서."라고 말하였고 예수님께서는 "오라" 말씀하셨다. 베드로가 배에서 내려 물 위를 걸어 예수님께 가는 모습을 상상해 보았다. 베드로의 주님을 향한 뜨거운 믿음이 예수님을 향해 물 위를 걷는 용기를 갖게 했을 것이다. 비록 걷는 중에 예수님께 향한 시선에서 폭풍의 바다로 시선이 옮겨져 두려움으로 물에 빠져 예수님께 구원을 요청하고 '믿음이 작은 자여 왜 의심하였느냐'의 말씀을 들었지만, 베드로가 떨리는 마음으로 물 위에 걸으면서 그는 얼마나 가슴이 뛰고 감동하였을까? 마치 막 걸음마를 시작한 아기의 첫 서너 걸음을 내딛는 모습처럼 얼마나 경이로운가? 나는 물 위를 걸었던 기적의 감동이 베드로가 평생 예수님을 사랑하는 데 힘이 되지 않았을까? 생각한다.

예수님께서 마지막 유월절 만찬을 하시면서 오늘 밤 제자들이 다 예수님을 버린다고 말씀하셨을 때 베드로는 제가 주와 함께 죽을지언정 주를 부인하지 않겠다고 했지만, 예수님께서는 닭 울기 전에 세 번 베드로가 부인할 것을 말씀하셨다. 그 말씀대로 잡혀가시던 밤에 베드로는 세 번이나 예수님을 부인했다. 그리고 닭 우는 소리를 들었을 때 베드로는 심히 통곡하였다. 십자가에서 돌아가신 예수님을 향한 죄책감이 얼마나 무거웠을까? 후회와 절망, 자신에 대한 미움의 감정이 있었을 것이다.

　죽음에서 3일 만에 다시 살아나신 예수님께서 베드로를 찾아오셔서 "요한의 아들 시몬아, 네가 나를 사랑하느냐?"라고 물으실 때 "내가 주님을 사랑하는 줄 주님께서 아시나이다." 베드로의 대답에 예수님께서 "내 양을 먹이라." 말씀하셨다. 그리고 거듭 물으셨고 베드로가 대답하였다. 똑같은 세 번째 질문하셨고 베드로는 근심하여 "주님, 모든 것을 아시오매 내가 주님을 사랑하는 줄을 주님께서 아시나이다."라고 대답할 때 "내 양을 먹이라." 하셨다. 예수님께서는 죄의식과 절망에 빠져 있는 베드로를 회복시키고 사명을 주시며 베드로를 살려 주셨다. 뜨겁게 주님을 사랑하다가도 시험에 들기도 하고 주님보다 마주 대한 문제가 더 커져 보여 의기소침해질 때가 있지만 언제나 떠나지도 버리지도 않으신다는 하나님의 말씀을 신뢰하고 잘못을 회개하며 새롭게 시작하는 힘을 얻는다.

　비록 삶이 낭떠러지 위에 걸쳐 있는 외다리 위에 놓인 것 같은 힘든 상황을 맞닿아도 시선을 땅 아래로 두지 않고 예수님께로 두고 한 걸음씩 한 걸음씩 걷는다면 능히 이길 수 있을 것이다.

7

구약 필사
(잠 못 드는 밤)

　성경을 필사한다는 것은 먼저 눈과 입이 읽고 귀에 들린 말씀을 손으로 쓰면서 기도하는 것이다. 낮에는 책상에 앉아 필사하고 저녁 식사 후에는 초등학교 운동장에서 맨발 걷기를 하면서 눈의 피로를 걷어 내며 필사한 말씀을 묵상하는 시간이 된다. 가끔은 수목원을 산책하면서 햇살을 만끽하고 수목이 주는 힐링을 즐긴다.

　나는 성경책을 읽는 것보다 운전 중이나 가벼운 일을 하면서 성경 듣기를 좋아한다. 그러므로 성경 속의 말씀들을 쉽게 찾을 수가 없고 소리 내어 읽어도 왠지 입에 붙지 않는다. 그래서 딸의 임신과 출산 기간 그리고 6개월 동안 애나와 함께 부산에서 생활하는 동안 내내 구약을 필사하게 되었다.

누구에게나 결혼한 자녀의 임신은 축하할 일이고 기쁜 일이지만 나에게 딸의 임신은 하나님께서 주시는 기도 응답이고 기쁨의 선물이다. 고3 시기에 난소암 판명으로 수술받고 지난 5년 동안 3개월, 6개월마다 진료하고 MRI 찍는 것을 지켜보는 것은 —딸에게 내색은 하지 않았지만—늘 마음이 아프고 딸의 어른스러움이 늘 대견하였다. 그리고 하나님께서는 '혹시 아기 갖는 것이 힘들면 어쩌지?' 하는 딸에 대한 나의 염려를 싹 거두어 주셨다. 바쁘게 일하느라 딸과 보내지 못한 시간을 보충하기라도 하듯이 애나가 태어나고 함께 지내는 시간이 주어져 너무 행복하다. 함께 출산 준비물을 사고 영상을 찾아 가며 관련 지식을 쌓고 태어날 애나를 기다리는 설렘과 성인으로서의 딸을 대하는 감회는 기쁨 그 자체이다. 그리고 딸의 출산 휴직이 끝나고 복직한 3개월 동안 이번에는 아들의 출산 휴직 기간이라 영어가 되지 않는 나와 한국어가 되지 않는 아들과 둘이 애나를 돌보며 지내는 동안 표정과 보디랭귀지로 나누는 대화는 유쾌할 수밖에 없다. 과장된 제스처와 말의 톤으로, 그래도 안 되는 대화는 통역기의 도움으로 애나를 키웠다. 그리고 문화의 충돌인지, 엄마, 아빠 사랑의 표현과 할머니 사랑의 표현이 달라서인지 예기치 않는 충돌로 딸의 통역을 사이에 두고 긴 대화를 나누기도 하였다. 유아기는 부모의 보살핌에 따라 사회에 대한 신뢰감을 형성하는 시기라 무조건적 사랑이 필요하다는 내 생각을, 어릴 때부터 애나가 예의 바르고 독립적인 생활을 하도록 가르쳐야 한다는 생각을 가진 딸과 아들에게 이해시켜야 했다. 애나를 지극히 사랑하는 우리 세 초보는 서로의 생각을 존중하며 사랑하는 가족이 되어 갔고 성격이 밝고 예의 바른 애나는 어디서 누구를 만나든지 "안녕!"이라며 인사를 하고 칭찬과 웃음에 "고마워~"라고 대답한다. 우리는 모두 애나를 사랑할 수밖에 없다.

애나를 재우고 늦은 시간 혼자 책상에 앉아 성경을 쓰다 보면 피곤하고 잠이 와서 글씨체가 엉망이 되어 다음 날 아침 여러 장을 다시 쓴 날도 여러 날이었다. 꿈속에서도 성경을 쓰고 있을 만큼 몰입의 시간이었다. 아주 작은 실눈으로 세상을 보는 듯한 말씀의 무지에서 점점 더 알아 가는 기쁨이 또한 즐겁다. 그리고 성경 속의 새로운 인물을 만날 때마다 그를 통해 내 안에 있는 죄의 성품이 하나씩 하나씩 드러난다. 상대를 향한 시기, 질투가 떠오르고 언제나 지기 싫어하는 악한 생각들이 떠오른다. 일의 성과 앞에 계산적이고 이기심으로 지낸 시간이 생각이 나서 혼자 울며 회개하는 시간이다. 이 세상을 광야 학교라고 표현하는 책을 읽은 적이 있다. 지금 나는 광야 학교에서 무슨 과목을 이수해야 하는가? 놓친 학점으로 통과를 못 하는 과목은 없는가? 혼자 골똘히 생각해 본다. 광야에서 가나안으로 들어가기 위해 미리 정탐하고 온 12지파의 보고에 반응하는 군중들을 생각해 본다. 군중들은 늘 위협에 민감하고 색다른 자극에 끌리고 편안한 상태를 바란다. 그리고 쉽게 흥분하고 냉정을 되찾으면 빠르게 원래대로 돌아간다. 이스라엘의 백성들이 미련하리만큼 왜 그리 하나님을 거역하는지 답답하지만, 이 모습이 곧 나의 모습이다. 필요하면 떼쓰고 충족되면 잊어버리고 또 필요하면 하나님을 찾는 삶, 늘 사랑한다면서 내가 할 수 있는 것과 없는 것을 구별하는 내가 주인일 때가 많다. 그리고 새벽까지 필사하면서 말씀에 감동이 되고 기뻐 찬양하는 시간이고 도전받는 인물을 만나면 '저도요~'라며 기도하며 진한 회개의 시간이 된다. 살면서 모르고 잘못한 것을 교훈으로 수정받는 시간이기도 하다. 시편의 말씀을 필사할 때는 꿀송이처럼 달아서 필사를 멈추기 싫어 며칠 밤새도록 쓴 날도 있었다. 나는 딸을 임신하고 태교로 성경 읽기를 시작하다가 몇 번이나 꺾였던 레위기 말씀을 적으면서 그 어려운 고비도 넘기고 사사기와 열왕기의 왕들을 통해 미련한 나의 삶을 깨닫게 된다. 그리고 가장 힘들고 긴 시간을 예레미야 선지자와 함께 고통을 느꼈다. 이스라엘의 백성들에게 하나님께서는 선지자들을 통해 짧지만 강하게 심판의 날을 예고하셨다. 회개하고 돌이키라는 하나님의 말씀은 이 시대에 찬찬히 다시 살펴 읽어야 할 말씀인 것 같다.

2년간 구약 말씀을 쓰는 동안 아이들은 내가 구약을 필사하고 기도하느라 새벽까지 내 방 불을 켜고 있는 많은 날을 보았다. 그리고 나는 아이들에게 크리스마스 선물로 구약 필사본을 전해 주면서 딸이 미국에 가서도 가까운 곳에 두고 기도하듯 읽어 주기를 바라며 예배드리기를 안내해 줄 좋은 분들을 만나게 되기를 간절히 축복 기도를 한다.

8

노아 방주

나는 창세기를 필사하면서 하나님의 홍수 심판을 묵상하게 되고 노아라는 인물을 떠올려 보았다. 창세기 6장 5~8절 말씀에 "여호와께서 사람의 죄악이 세상에 가득함과 그의 마음으로 생각하는 모든 계획이 항상 악할 뿐임을 보시고 땅 위에 사람 지으셨음을 한탄하사 마음에 근심하시고 이르시되 내가 창조한 사람을 지면에서 쓸어버리되 사람으로부터 가축과 기는 것과 공중의 새까지 그리하리니 이는 내가 그것들을 지었음을 한탄함이니라 하시니라. 그러나 노아는 여호와께 은혜를 입었더라." 하고 9절에는 "노아는 의인이요 당대의 완전한 자라 그는 하나님과 동행하였으며."라고 말씀하신다.

나는 노아의 시대를 생각해 본다. 얼마나 많은 이들이 이 지구상에 살고 있었을까? 어떤 영상에는 지금의 세계 인구 이상 살았을 것이라 한다. 홍수 심판 이전의 창세기 5장의 아담의 계보를 보면 구백 세까지 사람들이 살았고 노아도 세 아들, 셈과 함과 야벳을 오백 세가 된 후에 낳았다고 한다. 지금도 그때처럼 이 세상은 죄악으로 가득한데 하나님으로부터 의인이라고 칭함을 받을 사람이 누가 있을까? 만일 예수님께서 이 땅에 오셔서 십자가를 지지 않으셨다면 우리는 모두 무서운 심판을 받을 자들이 아닌가? 노아는 하나님의 특별한 은혜로 생명을 얻은 것이다. 노아가 하나님의 말씀에 순종하여 120년간 방주를 만드는 동안 얼마나 많은 사람이 그를 조롱하며 비웃었을까? 지금처럼 건축하기에 편리한 도구들이 없던 그들이 하나님의 뜻에 따라 거대한 방주를 만드는 엄청난 힘든 노동을 하는 가운데 세상 사람들을 바라보는 마음은 또 얼마나 아팠을까? 더구나 사람들은 비를 알지 못했고 배를 물 가까이에서 만드는 것이 아니라 산꼭대기에서 만들고 있는 노아 가족을 지켜보며 미쳤다고 생각했을지도 모르겠다. 그러나 하나님의 뜻을 아는 노아는 사람들에게 하나님의 홍수 심판이 있을 것이라 말하며 회개하라고 외치지 않았을까? 오히려 비웃으며 무시하는 사람들을 얼마나 안타까워했을까?

드디어 방주가 완성되고 각기 종류대로 정결한 짐승은 암수 일곱씩, 부정한 것은 암수 둘씩 방주로 들어오는 장면은 가히 장관이었을 것이다. 나는 새들과 집에서 기르는 가축들과 더불어 덩치가 크거나 키가 큰 짐승이 있다. 사나운 짐승과 아주 작고 온순한 짐승이 있고 빠르게 달리는 동물이 있는가 하면 달팽이처럼 아주 작고 느린 동물도 있다. 그리고 상·중·하 삼 층에 수많은 생물로 꽉 차 있는 장면을 상상해 본다. 노아 가족이 하나님의 말씀을 다 준행했을 때 그들은 방주에 들어갔고 하나님께서 방주 문을 닫으셨다.

그리고 투덕투덕 비가 내리기 시작할 때 방주 밖의 사람들은 당황스럽고 이미 늦어버린 후회에 가슴을 칠 것이다. 비가 점점 세차지고 땅이 터져 물이 솟구칠 때 그들은 두려움에 사로잡혀 갈급함으로 방주의 문을 세차게 쾅쾅 두드리지 않았을까? 그러나 하나님께서 닫으신 방주는 안에서 열 수가 없었고 사십 일 동안의 홍수로 온 지면은 물에 잠겨 산 위에 있던 방주는 물 위에 떠올랐다. 모든 생물은 죽고 쓸어버림을 당했다. 방주는 키로 운전해 나갈 수 있는 배가 아니다. 그저 물 위를 이리저리 떠다니는 오직 하나님께서 운행하시는 거대한 상자인 것이다. 그리고 물이 빠지고 노아의 가족은 방주에서 나와 하나님께 제사를 지냈다. 방주는 하나님께서 노아의 가족에게 베풀어 주신 은혜이고 생명이다.

한 주일 동안 내내 머릿속에서 떠나지 않는 것이 심판이다. 나는 이 세상의 죽음이 모든 것으로부터 끝이라면 좀 더 즐기고, 좀 더 많이 가지고, 좀 더 본능이 이끄는 삶을 살고 있을 것이다. 그러나 사람은 누구나 죽음을 맞이하고 그 후로는 심판이 있다. 예수님께서 나의 죄를 대신해서 십자가의 피 흘려 주심을 나는 마음으로 믿고 입으로 시인하므로 하나님의 자녀가 되고 그 은혜로 죄의 심판을 받지 않는 것이 너무나 감사하다. 노아 가족에게 방주가 생명이었듯이 나에게 예수님의 십자가 보혈은 새 생명의 기쁨이다. 나는 연약하여 늘 생각과 말과 행동으로 하나님의 마음을 아프게 하는 죄를 짓는다. 그러나 결코 버리지도, 떠나지도 않으시는 하나님의 신실한 말씀을 붙들고 나는 눈물로 회개하고 다시 리셋하며 먼 훗날 예수님을 뵐 때 부끄럽지 않은 자가 되기 위해 매일 거울을 들여다보듯이 말씀에 나를 비춰 보는 노력을 한다.

제2장 기도 :

호흡이며
영적 전쟁 승리의 힘

9

미디어를 틈탄 어둠의 영

딸은 인정하기 싫어하겠지만 내가 보기에 아빠와 성격이 너무나 닮았다. 그래서 성격이 똑같은 둘만의 진지한 대화가 자칫 위태로울 때가 있다. 이에 따라 아빠는 기분이 나쁘고 딸은 마음이 상한다. 그 자리에 없었던 나는 둘 사이에서 서로의 눈치를 보게 된다. 특히 아빠의 말로 인해 상처받는 딸을 달래 주기 위해 함께 아빠의 흉을 보며 대화를 시작하지만 언제나 딸은 아빠의 생각을 이해하며 끝난다. 그러는 동안 아빠도 딸에게 미안한지 슬그머니 옆에서 말을 건다.

이날도 맘이 상한 딸과 둘이 침대에 엎드려 옷을 사려고 온라인 쇼핑을 하다 우연히 눈에 들어오는 게임을 클릭하게 되었다. 한 단계씩 통과할 때마다 얻은 점수로 행복한 저택을 꾸미는 게임이다. 딸과 함께 킥킥거리며 얻은 점수로 원하는 인테리어로 바꾸는 재미가 있어 자정이 넘도록 둘이 재미있게 놀다가 잠이 들었다. 나는 아침에 일어나 지난밤에 하던 게임을 혼자 해 보았다. 그리고 여러 번 시도해도 안 되는 단계를 딸이 일어나자 바로 넘겨 달라고 부탁했다. 낮에 일하면서도 머릿속에는 빨리 일을 마치고 하던 게임의 단계를 어떻게 하면 통과할 수 있을까를 생각하고 잠시 약속 시간의 여유가 생기면 차 안에서 게임을 하였다. 저녁에 집에 와서도 딸의 도움을 받아 가면서 게임을 하고 있다. 내가 지금 무엇을 하는 건지 생각할 겨를이 없이 다음 단계가 기다리고 있다. 스트레스를 풀기 위해 멍때리는 정도로 가볍게 시작한 것이 오히려 스트레스를 팍팍 받고 있다. 힘든 단계를 만나면 공부하는 딸에게 넘겨 달라며 공부를 방해한다. 이렇게 3일째가 되니 매일 해야 하는 일들이 뒤로 미뤄지고 책 읽을 시간이 없다. 그래서 과감하게 앱을 삭제했다. 그냥 두고 절제를 하는 것은 나에게 이미 해당 사항이 되지 않을 만큼 폐인이 된 것 같다. 딸도 아침에 일어나자마자 나에게 와서 "어젯밤에는 게임이 잘 되었어?"라며 묻는다. "아니야, 인제 그만하려고 앱을 삭제했어."라고 하자 딸이 "잘하였네!"라면서 씩~ 웃는다. "엄마가 미안해, 그동안 공부를 방해해서. 좋은 습관 쌓는 데는 시간이 오래 걸리는데 무너지는 것은 잠깐이네." 말했다. 사실 어릴 때부터 딸은 게임을 좋아하지 않는데 나는 뭘 하나를 하면 끝장을 볼 듯이 테트리스를 하고 헥사 게임을 하였던 것 같다.

이렇게 재미로 가볍게 시작하더라도 통제가 되지 않는 것은 처음부터 차단해야겠다. 항상 휴대하고 다니는 핸드폰은 기능이 많아 편리하고 시간 가는 줄 모르고 즐기는 재미의 도구도 되지만 미디어를 통해 틈을 타고 들어오는 어두운 영을 만나기도 한다. 지난 여름밤 짓궂은 지인이 장난으로 보낸 짧은 영상 하나로 인해 나는 며칠을 무섭다는 생각에 묶여 있었다. 주차장에 주차하고 지인이 보낸 영상을 확인하는데 아름다운 산에 놓여 있는 다리를 쭉 따라 올라가다 보니 갑자기 눈앞에 무서운 귀신 사진이 나타나 너무 놀란 나머지 나는 핸드폰을 떨어뜨렸다. 두근거리는 심장을 주체하기 위해 심호흡하고 한참을 차에서 내리지 못했다. 그리고 나서 계속 뒤에 누군가가 따라오는 것 같은 무서운 느낌에 사로잡혀 자꾸 뒤를 돌아보게 되었다. 어두운 밤이면 혼자 내 차를 타는 순간도 두렵기까지 했다. 이렇게 며칠 알 수 없는 힘든 시간을 보냈다. 중보기도 시간에 기도하면서 방언으로 대적 기도를 계속하게 되었고 갑자기 속이 매슥거리고 울렁거리더니 토할 것 같고 가래가 나오기 시작했다. 그리고 입안에 침이 고여 입 밖으로 흘릴 지경이었다. 계속 손수건에 뱉었지만 결국 화장실로 빠르게 나와야 했다. 이렇게 한참 가래를 뱉고 침을 뱉고 나니 괜찮아졌다. 더불어 누군가가 뒤를 따라오는 것 같은 무서움이 사라졌다.

나는 아무렇지 않게 대하는 짧은 영상을 통해 어둠의 영이 틈을 타고 들어올 수 있다는 것을 알게 된 후로는 지나치게 잔인한 장면이나 무섭거나 선정적인 장면이 있는 드라마나 영화는 무조건 피하게 되었다. 그리고 재미로 읽었던 오늘의 운세와 잔인한 내용의 소설책들은 아예 읽지 않기로 했다. 미디어가 주는 정보와 재미를 통해 우리는 어둠의 영에 사로잡히게 된다. 눈에 보이지 않는 어둠의 영적 세계를 인식하며 대처하는 것이 하나님의 자녀로 승리하는 방법이라 생각한다.

10

분노에 잠식된 하루

깊은 물에는 돌덩이 하나를 떨어뜨려도 큰 움직임이 없이 스르르 물속으로 가라앉는다. 그러나 얕은 물에는 작은 돌멩이라도 첨벙거리는 소리와 물결이 일어난다.

사람도 이처럼 내면의 깊이를 갖춘 사람은 다른 사람의 말이나 행동에 크게 동요되지 않고 있는 그대로를 인정해 준다. 그러나 얕은 사람은 마치 큰일을 만난 듯 빠르게 반응하고 기다림이 없다. 의견이 다른 두 사람이 자존감이 높으면 서로의 생각을 경청하고 이해하면서 서로의 이견을 조율하지만, 똑같이 낮은 사람이라면 그 파장은 훨씬 크다. 나와 생각과 의견이 다른 것이 마치 누가 잘하고 잘못한 것을 따지는 옳고 그름으로 확대된다. 상대에게 나의 의견을 관철해야 하는 임무가 주어진 듯 과하게 쏘고 과하게 되받는다. 그러면서 마음에는 이미 내가 아닌 화가 나를 장악해 버린다. 이제부터 내가 주인이 아니라 내 안의 화가 주인이 되어 나를 조종한다. 어떻게 하면 상대에게 더 자극적인 말을 할까를 찾게 되고 결국 상처를 주고받는 지경에 이르게 된다.

나 역시 얕은 사람이기에 다름을 인정하기까지 오랜 시간이 걸렸고 그만큼 생채기가 많이 있다. 평소에는 태연한 척하고 있지만 이미 가지고 있는 상처와 비슷한 환경에 맞닿으면 훨씬 증폭되어 지킬박사와 하이드처럼 두 가지의 얼굴을 보이게 된다. 그래서 나의 보이지 않는 내면까지 꿰뚫어 보시는 하나님께 토설하는 시간이 꼭 필요하다. 그저 어린아이가 되어 속상함을 가지고 마구 나를 변호하다 보면 언제나 내가 조금 더 이해하고 참아도 된다는 것을 알게 되면서 화낼 일이 없어졌다고 생각했는데 방심하면 이날처럼 내면의 분노가 언제든 표출이 된다.

그와 나는 한 팀으로 누구보다 소통해야 하는 관계이다. 그러나 작은 선택의 문제 앞에서 그의 생각과 내 생각이 달랐고 나는 그에게 평소에 조율할 수 있는 저축된 플러스의 감정이 없었다. 아침에 그와 통화를 하면서 문제 해결을 두고 한 질문의 대답을 회피하며 나의 행동을 지적하는 말에 순간 화가 난다. 우리는 듣기보다 각자의 말을 하기 바빴고 친한 분의 미용실에 와 있다는 것도 잊고 있었다. 전화를 끊고 되새길수록 화가 난다. 마음에 분이 가득하였기 때문일까? 나는 화장실 문턱에 발이 걸려 '쿵' 하고 넘어지면서 쭉 미끄러졌다. 놀란 원장이 뛰어와 나를 살피고는 다행이라고 안도의 숨을 쉰다. 나 역시 팔이 아파서 보니 옅은 멍이 보이지만 얼음 위를 스치듯이 미끄러져 부딪치면서 생기는 타박상의 통증이나 뼈가 다치지 않아서 다행이었다. 참 감사한 일임에도 넘어졌다는 생각에 화가 가중되었고 일을 마치고 지하 주차장에서 차를 빼기 위해 후진하는데 '쿵!' 하는 소리를 내며 부딪친 느낌이다. 차 주인에게 전화하고 기다리면서 속이 상해 눈물이 난다. 곧 올 것 같았던 사람이 30분이나 지나 헐레벌떡 뛰어와 이리저리 차를 살피더니 "괜찮아요. 전화 안 하셔도 되었는데 전화 주셔서 좋은 분이라는 생각이 들어요." 하며 오히려 감사하다고 말하고 갔다. 나는 마음이 떨리고 진정되지 않은 채 속히 집으로 왔다. 아침의 일로 다시 통화하면서 화를 내는 나를 옆에서 지켜보던 남편의 "좋은 마음이 아니면 하지 말았어야지, 이제부터 그만두어라." 하는 핀잔까지 듣게 되니 정말 내 편이 아닌 남의 편의 말에 화가 더 난다.

그리고 삐져서 조용히 책상에 앉아 하나님께 내 생각이 옳다는 것과 변명을 잔뜩 하다 보니 나는 굳이 내 생각대로 하지 않아도 된다는 것을 알게 되었다. 나는 이해되지 않는 일에 양해를 구하지 않고 요구하는 것을 못마땅하고 높은 언성에 쉽게 이성을 잃는다는 것을 알게 되었다. 하나님 앞에 하루 동안 힘들었던 마음을 적다 보니 오히려 하나님의 보살핌에 감사하는 눈물이 난다. 씩씩거리며 어이없이 문턱에 걸려 넘어졌을 때 다급하게 나를 받아 주시지 않았다면 난 제대로 걸을 수가 없었을 것이다. 다행이라며 안도의 숨을 쉴 때 그만 화난 감정 삭이기를 바라셨을 것이다. 반듯하게 주차된 곳이라 조금만 후진해도 충분히 나올 수 있는데 화난 감정은 주위를 살필 여유가 없다. 지하 주차장에서 30분 기다리는 시간 동안 나에게는 화난 마음을 진정할 시간이 충분하였고 차 주인의 황당한 말에도 나는 화를 버리지 않고 집으로 가지고 왔다. 그리고 남편에게 나쁜 기운을 전이시키고 어둠의 영이 집을 장악했다. 나는 참 어리석은 하루를 보내면서 회개와 감사의 기도를 드렸다. 십자가의 사랑은 위로는 하나님과의 사랑이고 옆으로는 이웃과의 사랑이 아닌가?

하나님을 사랑한다면서 사람과 관계가 좋지 않다면 진정한 사랑이 아니다. 쓰임의 자리에 있는 그를 위해서 기도하고 나를 위해서 기도한다.

11

분노는 자란다

    내 안에는 화가 많다. 인내라는 이름으로 참고 꾹꾹 눌러 놓은 것들이 여러 다양한 형태로 저장되어 있다. 평소에는 잘 인식하지 못하고 있다가 어떤 상황을 만나게 되면 지난 시간 저장된 것들까지 일시에 표출하게 되고 필요 이상으로 흥분하고 분을 낼 때가 있다. 그러나 매일 감사일기를 쓰면서 하나님께 기도하고 감사한 일을 적으면서 점점 나에게서 원인을 찾게 되고 치유되면서 저장된 화들이 하나씩 하나씩 힘을 잃어가고 소멸하여 간다. 어떤 책에서 읽었는지 기억은 없지만, 지금까지 머릿속에 각인된 이야기가 있다.

'어느 날 길을 걷다가 눈앞에 있는 작은 돌멩이 하나를 걷어차게 되었다. 그러고 나니 이번에는 사나운 짐승이 나타나서 힘겨운 싸움을 하게 되었고 더 나아가니 커다란 산이 나타나 그 사람을 완전히 덮어 버렸다.' 하는 분노라는 감정의 글을 읽은 적이 있다.

작은 화에 먹이를 주지 않고 건드리지 않고 가만히 두면 금세 풀이 꺾이는 것이 화이지만 생각으로, 말로, 행동으로 나쁜 감정에 먹이를 주면 스스로 자라서 결국 내가 화를 내는 것이 아니라 화가 나를 이끌어 가게 된다. 지금 생각해 보면 화가 나는 이유는 내 안에 있는 나만의 잣대를 상대에게 들이대기 때문인 것 같다. 우리는 모두 각기 자랐던 환경이나 처한 상황이 다 다르고 문제를 바라보는 시선의 차이와 재해석하는 마음과 태도 또한 다 다르다. 결국 무엇이 옳고 그른가를 따지고 지적하는 것이 아니라 나와 다른 생각이 언제 어디서나 있다고 늘 수용하려는 마음을 가지게 된다면 세상은 꽤 살 만하다고 생각된다. 그래서 역지사지의 마음이 필요한가 보다.

가끔 화가 나 있는 나에게 언제나 중용의 마음을 지키며 옳은 말을 하는 남편은 여간 밉상이 아니다. 그러다 보면 화는 분명 다른 사람으로 인해 가지고 온 것임에도 불구하고 우리 부부의 싸움이 될 때가 있다. 무조건 나의 편이 되어 주면 얼마나 좋을까마는 딱 제삼자의 편에서 하는 말은 나를 공격하는 것으로 여겨져 화를 내게 되고 우리는 한참 언쟁하고 서로 기분이 나빠져 각자의 방에서 시간을 보낸다.

그러나 너무나 성격이 다른 우리 부부가 오늘까지 그런대로 잘 살고 있는 이유 중의 하나는 잠들기 전에 반드시 화를 풀어야 한다는 남편의 생각 때문이다. 서로에게 화가 나서 심하게 싸웠더라도 화를 풀기 전에는 잠을 자지 못한다. 나는 피곤하고 지쳐서 자고 싶은 마음에 울며 겨자 먹기로 화해하기 위해 다시 차분히 각자의 생각을 나누게 된다. 나는 나의 말을 끝까지 듣고 내 편이 되어 주기만 하면 되지 굳이 옳은 답을 찾을 필요가 없다는 것을 말하고 남편은 자기 생각이 다른 사람들의 생각이니까 알았으면 좋겠다고 한다. 말다툼을 시작하게 된 문제는 온데간데 없고 서로의 뜻이 외면당해 감정이 상한 탓이고, 에너지와 시간을 낭비하고 어두운 영의 꼬임에 빠졌다는 것을 알게 된다. 그리고 서로 화해하고 편안하게 잠을 잔다. 다음 날 아무렇지 않게 여유롭고 행복한 일상을 시작한다.

만일 우리 부부가 지난밤 동안 화를 내고 미워하는 감정을 품고 잠들어 아침에 눈을 떴다면 우리는 분명 다시 2차전을 치르거나 며칠 동안 분노의 시간으로 힘들어했을 것이다. 그리고 부정적인 감정인 분노와 미움이 밤새도록 우리 부부의 잠재의식에 각인되어 삶의 모든 부분에 걸쳐 불행한 삶을 만들어 나갈 것이다.

분명 내 안에는 아직 죽어야 하는 많은 자아를 가지고 있다. 아직도 내 삶의 주인이 되어 나의 의를 드러내며 싸우고 있지 않은가? 그 자아를 얼른 알아차리고 꺾어 버리지 않으면 언제든 어둠의 힘이 이겨 버린다. 파도가 출렁이는 물 위에 비친 나의 모습은 잘 살펴볼 수 없지만, 잔잔한 물 위에서는 거울처럼 나를 똑바로 보게 해준다. 그래서 나의 심부 생각까지 감찰하시는 하나님 앞에 생각과 말과 행동으로 알고도, 모르고도 짓는 죄의 용서를 구하며 두렵고 떨리는 마음으로 나아온다. 그리고 나는 '늘 깨어 있어라.'라는 말씀에 늘 '아멘'으로 화답한다.

12

명의이전 1

자정이 넘도록 잠이 오지 않아 결국엔 책상에 앉게 되었다. 그리고 나는 떨리는 마음으로 노트를 펴 놓고 뚫어지게 쳐다보고 있다. 한 주 내내 나는 하나님을 어떤 분으로 생각하며 생활하고 있는가? 라는 질문을 하고 나의 지난 시간을 되돌아보고 지금 나에게 다가와 있는 문제들을 생각해 보게 되었다. 나는 불꽃같은 눈동자로 나의 모든 것을 감찰하시고 나의 머리털까지 세시는 전능하신 하나님 앞에 내가 나 된 것은 다 하나님의 은혜라고 말은 하지만 내가 가진 적은 것에 연연하고 그마저 잃게 될까 전전긍긍하는 믿음 작은 나를 보게 된다. 그리고 마음으로는 힘들게 지고 있는 짐을 하나님께 맡기고 자유롭기를 원하지만 실제로 나는 안달복달하면서 조바심으로 이리저리 뛰어다니는 삶을 살고 있다.

지난주 금요 기도회의 말씀을 통해 사울 왕과 다윗에게 기름을 부으신 하나님의 역사하심을 묵상하게 되었다. 사울 왕은 아말렉과의 전쟁에서 승리는 얻었으나 믿음에 실패하므로 하나님의 영이 떠나는 불행한 삶이 되고 하나님의 영에 감동된 다윗의 삶은 복되고 승리한 삶을 사는 힘이 되었다. 그러므로 우리도 다윗처럼 하나님께 모든 것을 내어 드리는 삶을 살아야 한다고 하셨다. 그리고 자신의 인생, 시간, 재능, 물질, 부채, 질병… 이 모든 것을 하나님께 명의이전 해 드리라는 말씀 앞에 나는 즉각적으로 '아멘'이 되지 않고 마음이 무거워진다. '하나님께서 혹시 내 능력 밖의 것을 요구하시면 어쩌지?' 하는 염려의 마음이 들고 이리저리 잔머리를 굴리는 믿음 작은 나는 한편으로는 '하나님께서 나의 부채를 다 맡아 주시면 참 좋겠다' 생각한다. 이렇게 한 주 내내 머릿속에서 떠나지 않는 명의이전을 두고 기도하였다. 그리고 드디어 오늘 나는 가슴이 콩닥거리고 두근거림을 안고 하얀 노트 위에 '명의이전' 각서를 적는다.

하나님, 저는 저의 삶(저의 몸, 저의 시간, 저의 물질, 저의 부채, 저의 질병)을 하나님께 명의이전 합니다. 그리고 저를 인도하시고 동행해 주시기를 의탁합니다. 나약한 저를 붙들어 주세요. 지금 저의 이 마음을 평생 지킬 수 있도록 지켜 주옵소서.

2018. 11. 18.

사인한다.

이렇게 명의이전 각서를 적고 일주일 동안 많은 시간을 고민했던 나의 미련함과 어리석음을 회개하고 나니 답답하기만 했던 마음이 가볍고 시원해진다. 자녀를 사랑하시는 아버지 하나님의 성품에 대한 무한한 신뢰가 생기기 시작하고 하나님의 영에 감동된 자로서 편안한 마음과 기꺼이 어둠의 영과 싸워 이길 수 있는 자신감이 생긴다. 그리고 내가 나를 대하는 마음이 달라지고 있다. 나 자신을 못난 사람으로 여기며 조급한 마음으로 나를 질책하였다면 이제 나는 하나님의 말씀을 기다리며 하나님과의 데이트를 즐기듯 점점 차가워 오는 땅을 맨발로 디디면서 하나님의 섭리를 깨달아 가고 있다.

지금은 모든 것이 죽은 것처럼 앙상함만 남아 있지만 머지않아 반드시 땅속에서부터 다시 따뜻해지는 봄날을 맞이하게 된다. 커피 한 통으로 벤치에 앉아 하나님께서 베풀어 주신 자연을 통해 사랑과 아름다움을 느낀다. 얼마나 섬세하시고 멋진 분일까? 생각만 하여도 행복함이 올라온다. 그리고 모든 것이 하나님의 것이기에 나는 단지 관리하는 사람으로서 작은 것 하나도 소중하게 대하게 되고 사랑하는 것을 배우게 된다. 습관적으로 툭툭 던지듯 다루는 물건 하나도 조심스레 다루게 된다. 지금은 하나님께서 맡아 주시는 나의 삶을 생각해 보면 분명 나는 하나님께 수지맞는 장사를 하는 것인데 나는 셈을 제대로 못 하는 이가 되어 고민하였다는 사실이 우습다. 그러나 행동으로 실천한 나를 칭찬한다. 그리고 여전히 나의 삶에서 크게 환경은 달라진 것이 많지 않지만, 하나님께서 이끌어 가 주실 것과 일하심을 기대하며 나는 괜히 신이 나고 웃고 지낸다.

13

명의이전 2

　나는 2019년 한 해 동안 제자반 양육 수업을 받게 되었다. 그 해 말씀의 양식인 "나의 사랑하는 자가 내게 말하여 이르기를 나의 사랑, 내 어여쁜 자야 일어나서 함께 가자."(아가 2:10)의 말씀처럼 하나님의 성품과 하나님 자녀의 정체성을 알고 작은 예수로 살아가는 훈련을 받는 가운데 어둠의 영과 치열한 싸움 하면서 내 삶도 찬양 〈하나님은 실수하지 않으신다네〉의 '차츰차츰 안개는 걷히고 하나님이 지으신 빛이 뚜렷이 보이리라.' 하는 가사처럼 앞이 보이지 않아 막연히 가졌던 두려움의 안개가 걷히고 빛이 드러나고 어둠이 물러났다. 꼭 1년 전에 하나님께 나의 삶을 통째로 명의를 이전한 후에 나는 성급하게 계획하고 결정하던 일들을 하나님께 질문하면서 신중하게 처리하는 마음을 갖게 되었다. 그리고 나의 삶에 간섭하시는 하나님의 영적인 힘을 느끼며 마음의 평강을 찾아가고 있는데 언제나 나를 끌어당겨 내리는 것이 돈 문제였다.

나는 하나님을 주인으로 모시고 살기로 결단했는데 여전히 맘몬의 덫에서 벗어나지 못하고 종노릇하고 있는 나의 처지가 속이 상했다. 아니 미치도록 싫었다. 이 지긋지긋한 질긴 고리를 끊어 내기 위해 나는 기도회 자리에서 온 힘을 다해 싸웠으나 한 달을 넘기지 못하는 것은 매달 결제일이 다가오면 마음에 근심이 자리를 잡는다. 10년 넘게 나를 잡고 있으며 나 자신도 도무지 알 수도 없고 이해가 되지 않는다. 매달 예상치 않게 돈이 새어 나가는 것이 정말 귀신이 곡할 노릇이다. 힘이 벅차게 일해서 힘들게 빚을 갚고 서너 달이 지나면 그 빚이 원점이 되어 있고 추가가 되어 있어 지금도 아무리 수입과 지출을 계산해도 알 수가 없는 블랙홀이다. 그렇다. 나는 이 더러운 귀신과 싸우는 방법을 바꾸기로 했다. 나는 말씀에 힘입어 기도하라는 설교 말씀을 건강이나 힘든 상황을 벗어나는 데 사용했지만, 이번엔 내 삶의 주인을 놓고 사생결단의 마음으로 하나님 앞에 나왔다. 나는 "하나님의 말씀은 살아있고 활력이 있어 좌우에 날 선 어떤 검보다도 예리하여 혼과 영과 및 관절과 골수를 찔러 쪼개기까지 하며 또 마음의 생각과 뜻을 판단하나니."(히브리서 4:12) 하는 말씀의 무기를 들었다. 그리고 "사람이 감당할 시험 밖에는 너희가 당한 것이 없나니 오직 하나님은 미쁘사 너희가 감당하지 못할 시험 당함을 허락하지 아니하시고 시험당할 즈음에 또한 피할 길을 내사 너희로 능히 감당하게 하시느니라."(고전 10:13) 하는 이 말씀을 반복해서 읽고 또 읽으면서 하나님의 말씀을 강하게 붙들고 기도하였다.

하나님, 하나님의 자녀로 살고 싶은데 저는 맘몬의 종으로 살고 있습니다. 하나님 저를 불쌍히 여기셔서 갑절, 아니 세 배, 네 배의 어려움이 와도 견디겠습니다. 맘몬의 종에서 벗어나게 해 주십시오. 이 더러운 늪에서 건져 내어 주십시오. 예수님의 이름으로 기도합니다. 아멘. 그리고 나는 나의 상상력으로 최고 잔인한 무기를 가졌다. 영화에서 본 한 장면이 생각이 난다. 커다란 믹서기 같은 칼날에 닿자마자 피가 화면을 덮었다. 그렇게 나는 맘몬의 영들을 갈았다. 그리고 온몸이 땀으로 젖고 나는 눈물과 콧물의 경계를 알 수 없었다. 기운이 빠져 일어설 수가 없어 한참을 앉았다가 집으로 왔다.

3일째 되는 날 새벽 시간에 나는 잠을 자다가 일어났다. 그리고 책상에 앉아서 문득 드는 생각을 따라 '과도한 이자를 내고 있다면' 하고 네이버에 검색해 보게 되었다. 나는 10년이 넘는 동안 친구를 통해 많은 이자를 주고 있었다. 빌린 돈 이천만 원에 대한 백만 원의 이자를 매달 주고 있었다. 오랫동안 참 바보처럼 지냈다는 생각과 그런데도 미운 감정이 들지 않는 가운데 해결할 방법이 있음을 알게 되었다. 다음 날 그 친구를 만나서 정면돌파를 시도하며 그간의 일들을 나누면서 모든 것을 깨끗하게 정리하였다.

나는 불과 며칠 만에 맘몬의 종에서 벗어나 하나님의 자녀, 자유로운 영혼이 되었다. 그리고 명의이전을 한 지 꼭 1년이 되어 제자반 숙제로 다시 명의이전을 대하게 되었다. 내가 나의 삶의 운전대를 쥐고 우왕좌왕하느니보다 전능하신 하나님께서 운전대를 내어드리고 순종하며 사는 편이 얼마나 안전하고 행복한가? 그렇다. 나의 삶에 하나님께서 일하시도록 내어드리는 것이 가장 완벽한 삶을 사는 것이라는 공부를 하면서 나는 명의이전을 함으로 가장 큰 혜택을 누리고 있다. 그리고 하나님께서 쓰시기 깨끗한 그릇이 되기를 꿈꾸며 제단 위에 나를 올려놓는다. 참 단순하기 짝이 없는 나의 무모한 상상력의 기도를 하나님께서 늘 받아 주시고 나는 점점 단단한 사람이고 흔들림이 없는 사람이 되어 간다.

14

기도 중에 치유

밤에 귀가하면서 횡단보도 앞 정지신호에 대기하고 있는데 신호를 보지 못한 트럭이 속력을 내어서 그대로 뒤에서 부딪치는 추돌사고를 당했다. 나는 또 나의 앞차를 들이박게 되고…. 큰 사고의 충격으로 병원에서는 입원을 권하였지만, 단지 며칠 물리치료를 받기로 하였다. 병원에서 처방해 준 약을 먹으면 정신이 몽롱해지고 졸음이 쏟아져서 일할 수가 없었고 안 먹으면 두통으로 머리가 맑지 않아 견디기 힘들었다. 그래서 지인에게 부탁해서 관리받으면서 다행히 빠르게 일상으로 돌아오게 되었다.

그러나 보름 뒤에 비가 오는 날 똑같은 상황의 사고를 당하게 되었고 사고를 낸 분의 안타까운 상황을 듣게 되어 병원에 가지 않고 어쩔 수 없이 나는 또 지인의 도움을 받았다. 그리고 한참 시간이 지났는데도 많이 신경 쓸 일이 생기거나 몸이 피곤해지면 먼저 일자목과 어깨 근육이 경직되고 통증을 느끼게 되고 두통이 심해진다. 그러면서 나는 아프지 않게 나름 관리를 하는 편이지만 목과 어깨통증이 계속 없어지지 않아 며칠 동안 나는 머리를 어떻게 둬야 할지를 고민할 만큼 아팠고 저녁에 집에 오면 스트레칭과 운동을 하지만 뻣뻣한 목이 제대로 움직이지 않았다.

나는 금요 기도회의 기도 중에 목과 어깨의 통증이 치유되기를 선포하고 회개할 것을 찾고 생각나기를 기도한다. "그가 찔림은 우리의 허물 때문이요. 그가 상함은 우리의 죄악 때문이라 그가 징계받으므로 우리는 평화를 누리고 그가 채찍을 맞으므로 우리는 나음을 받았도다."(이사야 53:5) 하는 말씀을 붙들고 기도하는 중에 온몸에 힘이 빠지면서 목이 뒤로 젖혀지기 시작하였다. 목이 아파서 들어 올릴 수가 없어 한 손으로 목을 잡아 올리는데 너무나 아팠다. 그리고 몇 번이나 반복하게 되었고 나를 며칠 동안 힘들게 했던 목과 어깨의 통증이 말끔히 사라지고 눈과 머리가 맑아지는 하나님의 치유하심을 체험하게 되었다. 그 이후 가끔 목과 어깨가 아플 때가 있으면 기도하는 중에 나는 치유를 받는다.

아이들이 미국으로 떠나고 나는 허리가 아프기 시작했다. 아마 그 전부터 아팠는데 아픈 줄 모르고 지냈을 수도 있다. 낮의 일상생활은 전혀 불편함이 없으나 저녁에 잠자리에 들면 똑바로 누울 수가 없다. 왼쪽 허리 부분의 어느 한 곳의 신경이 압박받는지 순간 "악" 소리가 난다. 그리고 잠자리가 편하지 않다. 평소에 자던 습관대로 왼쪽으로 눕거나 똑바로 누우면 통증이 느껴지고 오른쪽으로 누우면 위에 부담이 가는지 속이 불편하다. 저녁마다 편한 자세를 찾다 보면 선잠을 자게 된다. 한 달이 넘게 이러니 남편은 병원에 가라고 하는데, 미련스럽게 낮에 서서 움직이는 데 전혀 불편함이 없어, 스트레칭하고 운동해야겠다고 생각하면서 저녁마다 이렇게 참고 있으면서 병을 키우는 것은 아닌가 염려하였다.

이런 갈등 속에 금요 기도회 기도하는 중에 아픈 곳을 두고 기도하지 않는 나의 교만과 영적 미련함을 보게 되었다. 주님을 향한 뜨거움을 잃고 있어도 괜찮은 듯 사는 교만하고 무뎌진 나의 굳은 마음을 보고 나는 회개의 시간이 되었다. 그리고 소중한 예수님 십자가의 보혈이 나의 정수리에서부터 발바닥까지 나의 죄를 씻어 주시는 상상을 하고 말라기 4장 2절 말씀을 붙들고 기도한다. "내 이름을 경외하는 너희에게는 공의로운 해가 떠올라서 치료하는 광선을 비추리니 너희가 나가서 외양간에서 나온 송아지같이 뛰리라." 눈을 감고 하늘 문이 열리고 한 줄기 치료의 광선이 나의 아픈 허리를 비추는 장면을 그리며 나는 두 손 높이 들고 주를 찬양하고 경배한다.

나는 간절히 주님을 찾는 자가 되기 위해 새벽기도를 시작했다. 하루의 첫 시간을 하나님과 함께 시작하면서 나는 마음에 기쁨이 가득하고 매일 먹는 영적 양식이 나를 더 풍요롭게 느끼게 해준다. 오늘 저녁 문득 깨달은 게 있다. 나는 어제도 허리가 아프지 않았고 오늘도 편하게 누워있는 나를 보게 되었다. 그리고 남편에게 "나 이제 허리 다 나았어요. 이제 왼쪽으로 누워도 괜찮고 바로 누워도 괜찮아요."라며 말을 하고는 이리저리 자세를 바꾸어 가며 예민하게 아픈 곳을 찾고 있다. 남편에게 "아픈 허리를 위해 내가 한 것은 기도밖에 없었고 하나님께서 저를 치유해 주셨어요."라고 말을 하면서 나는 가슴이 뭉클하다.

나는 아이들을 돌보느라 지치고 몸을 과하게 사용했기 때문이라고 생각했고 난 누구에게도 나의 아픔을 말할 줄 모르는 사람으로 살았다. 그래서 참고 견디는 것에 익숙하다. 이런 내게 주님은 언제나 나를 귀히 여겨 주신다. 나는 늘 주님께 긍휼을 구하며 사랑하는 힘을 달라고 기도한다. 나 자신보다 더 나를 사랑하시는 주님께 드릴 것이 없어 나를 주의 제단 위에 산 제물로 올려 드린다. 주님, 사랑합니다. 주님, 감사합니다.

15

성령 체험

예배 생활을 시작한 지 오래되지 않은 시간에 교회에서 성령 부흥회가 시작되었다. 아직 금요 기도회를 한 번도 가 보지 못한 상태인 나에게 시작도 하기 전부터 부흥회의 뜨거운 열기는 생각지도 못한 광경이었다.

아침에 잠시 사무실에 들른 후에 교회로 왔다. 꽤 이른 시간에 도착했는데 벌써 많은 분이 앞자리를 잡았고 빈자리엔 성경이 주인을 대신해서 자리를 지키고 있는 모습이 부흥회가 시작하기 전부터 알 수 없는 기대와 설렘으로 가슴을 뛰게 하였다. 회사 세미나에서나 볼 수 있는 앞자리 잡기를 고수하는 분들의 열정이 교회의 공기를 더욱 뜨겁게 달구고 있다. 나는 중간쯤 자리를 정하고 앉았다. 부흥회 강사 목사님의 기도로 시작되고 〈성령이 오셨네〉의 찬양은 온 성도들을 두 손 높이 들고 기도하게 하고 성령 충만함으로 뜨겁게 기도하는 열기는 적응하지 못하고 어색한 나에게 옮겨붙어 나 역시 가슴이 뜨겁고 심장이 쿵쾅거린다.

말씀이 끝날 즈음에 부흥회 강사 목사님께서 아직 방언 기도 못 하시는 분 앞으로 나오라고 하셨고 나는 뭔가에 끌리듯 앞으로 나가게 되었다. 하이힐에 치마 정장 차림인 나는 어쩔 수 없는 처음 온 사람임을 말하고 있었다. 나는 무릎을 꿇고 목사님 말씀대로 임마누엘을 불렀고 안수받으면서 나의 입술은 알지도 못하는 아기의 옹알이로 바뀌었다. 의식적으로 똑바로 하려고 해도 되지 않았고 나는 방언이 뭔지도 모른 채 방언의 은사를 받았다. 그리고 두 손엔 보이지 않는 기운이 가득하고 온몸이 뜨거워지면서 하나님께서 나를 얼마나 사랑하는지를 깨닫게 되고 하염없이 감사의 눈물이 흘렀다. 나는 이렇게 성령 충만을 사모하는 사람이 되었다.

주일예배의 은혜로운 담임목사님의 말씀은 무지한 나에게 성경 지식을 알게 해 주심은 물론 언제나 나의 심령에 회개와 도전을 주시고 말씀에 비추어 나의 삶을 돌아보며 성장이라는 방향과 견디는 힘을 주신다. 그리고 금요일마다, 아침부터 소풍 가는 어린아이처럼 마냥 기분이 좋다. 찬양을 들으면서 모든 일을 오전에 끝내고 사무실 미팅 결석도 불사할 만큼 나에게는 생의 에너지를 공급받는 시간이다. 환경은 여전히 힘든데 내 앞에 놓인 해결하기에 벅찬 장애물이 문제가 되지 않는 시간이다. 최대한 둔하지 않고 답답하지 않게 저녁 식사량은 줄이고 가벼운 옷차림으로 기도회에 참여한다. 다 함께 찬양과 기도를 하면서 나와 내 가족만 바라보는 기도에서 나라와 교회, 그리고 다음 세대를 두고 기도하고 선교사님들과 어두운 땅 북한을 두고 기도의 범위를 확장한다.

방언 기도는 하나님과 더욱 친밀하게 해 준다. 삼십 분도 기도하기 벅찬 나는 점점 기도 시간이 늘어나고 오직 주님만을 바라보는 몰입의 시간이 되고 나의 육체와 나의 의지는 내 영의 지배하에 두게 된다. 그리고 생각나는 죄의 용서를 구하고 떠오르는 상처에 눈물을 쏟는다. 한참을 울며 기도하다 보면 어느덧 시원한 생수를 마신 듯 마음은 말로 표현할 수 없이 시원하고 몸은 날아갈 듯 가볍다. 뜨거운 기도 후에 깊이 묵상하는 시간은 언제나 걱정, 근심을 다 사라지게 하고 장애물을 재해석하는 눈을 뜨게 해 주신다. 그리고 이겨 낼 힘을 공급받고 일과 사람을 통해 문제를 뛰어넘게 된다. 개인기도 시간에 모든 성도에게 안수해 주시는 담임목사님의 영적 능력으로 나의 견고한 진들이 떠나가고 나는 공황장애의 어두운 터널을 벗어나게 되었다.

나는 부흥회 강사 목사님께 개인 기도를 받는 중에 "기록하는 것을 잘하고 있다.'라고 하나님께서 칭찬하신다." 하는 말을 들었다. 시간이 흐를수록 막연하게 하나님께서 주신 사랑과 감사를 글로 전하고 싶다는 생각이 들었다. 그러나 오랜 시간 동안 기도하면서 나의 능력 없음을 알고 포기를 하려고 하면 '나의 뜻대로 사는 믿음 작은 자가 되는 것' 같아서 포기는 하지 못하고 '하나님의 뜻이 아니면 제 마음에서 지워 달라'고 기도했다가 어느 날부터, '쓸 수 있는 능력을 달라'는 기적의 기도로 바뀌게 되었다. 찬양 〈주님의 성령 지금 이곳에〉 틀어 놓고 "주님의 성령 지금 이곳에 임하소서. 임하소서." 무한 반복으로 나는 거실에 무릎을 꿇고 하나님께 더 집중하는 마음을 구하는 기도를 한다.

제3장 은혜 :

하나님의 값없는 사랑

16

일주일간의 기적

 토요일 오후 고객을 만나 상담 중에 셀 리더에게서 전화가 왔다. 지금 제가 상담 중이라고 하니 아주 짧게 "간증할 수 있어요?"라는 질문에 "예"라고 대답하고 전화를 끊었다. 그리고 상담을 끝내고 한참이 지나 통화한 일이 생각이 나고 연락해서 "간증을 언제 해야죠?"라는 말에 생각지도 못한 대답을 들었다. "행복 나눔 축제 때!" 헐, 순간 머리가 하얘지고 가슴이 쿵쾅거린다. "셀 모임에서 나누는 줄 알았어요. 난 못 하겠어요."라고 말하자 이미 명단을 보냈고 간증의 글을 써서 보내면 서너 명 중의 한 명을 선택할 거라는 말에 '내가 안 걸리면 되지'라며 다소 안도의 숨을 쉴 수가 있었다.

그러나 혹시 '내가 채택되어 간증하게 되면 어쩌지?' 하는 염려가 되기 시작했다. 모든 성도가 영혼 구원을 위해 몇 달을 태신자를 품고 하나님께 기도하며 관계 맺기를 통해 온 정성을 들여 초대하는 날이기에 얼마나 소중한 시간인가? 나 역시 초대장을 받고 오지 않았던가? 나는 교회를 다니면서 처음에는 초대장을 거절하지 않고 나의 의지로 왔기에 나는 내가 선택한 줄 알았다. 그러나 하나님의 자녀가 되는 것은 하나님의 부르심이 있고 누군가의 기도가 쌓인 결과라는 것을 알게 되었다.

주말 저녁, 딸과 남편에게 말하지 않고 조용히 간증의 글을 쓰면서 지난 3년 동안 나의 삶을 떠올려 보았다. 나의 환경은 큰 변화가 없다. 나는 여전히 밑 빠진 독에 물 붓는 것 같은 생활의 고달픔이 있고 어쩌면 믿음 생활로 더 바삐 뛰어다니는 것 같다. 그러나 마음에는 기쁨이 있고 앞에 놓인 문제가 전보다는 나에게 훨씬 작게 느껴진다. 나는 금요 기도회마다 문제를 가지고 아버지 앞에 나오게 되었고 그때마다 해결할 힘을 주시거나 사람을 통해 시간을 얻게 되는 응답을 주셨다. 금요일 오전이 되면 서둘러 일을 마무리하고 찬양을 들으면서 하나님을 만날 기쁨에 가슴이 뛰기 시작한다. 나는 마치 사격 선수처럼 과녁을 명중시키듯 준비 자세를 취하고 발사하듯 모든 것을 기도하며 쏟아 낸다. 나는 밤새 주님께 무엇을 말해야 하는지? 질문하면서 간증을 쓴다. 그리고 간증문을 교회에 제출하고 마음이 가벼워질 줄 알았는데 계속 걱정하고 있다.

  주일 아침, 나는 간증의 글을 쓴 것보다 오히려 교회에 와서 함께 예배드린 지 얼마 되지 않는 남편이 만약 내가 간증하는 것을 어떻게 받아 줄지 더 걱정되고 또, 이번 주 결제할 돈을 준비하려면 일할 시간이 부족하고 더구나 수요일에는 시어머님의 건강검진이 예약되어 있어 마음이 무겁다. 그래서 나는 내가 아닐지도 모르는 일에 너무 맘을 쓰지 않기로 했고 월요일 중보기도 시간에 마음에 떠오르는 여러 가지 걱정들을 두고 하나님께 기도를 시작했다. 하나님께 해결할 힘을 구하고 만일 내가 간증하게 된다면 듣는 사람들의 마음에 믿음의 씨앗이 심어지기를 기도했다. 그리고 제일 큰 난관인 남편의 허락을 두고 '남편의 마음을 만져 주셔서 굳은 마음의 땅이 봄비로 촉촉해지듯 부드러운 마음을 주세요.'라고 기도하는 중에 "남편에게 부정적이고 화를 내게 하는 나쁜 영들을 예수의 이름으로 결박되어 떠나가라. 그리고 나의 수고를 앗아 가는 악한 영은 떠나라."라고 선포하는 대적 기도하게 되었다. 마치 전쟁터에 나간 사람처럼 온몸이 땀으로 흠뻑 젖을 만큼 치열하게 싸웠고 온 힘을 다 소진한 상태로 교회를 나와 집으로 오는 차 안에서도 계속 방언 기도하게 되었는데 잠자리에 든 남편의 입에서 혼잣말처럼 부드럽고 여유를 가지며 살아야겠다는 말을 듣게 되고 나는 이렇게 빠르게 응답을 주셨음에 전율이 느껴졌다. 이 기회에 "나 간증을 할 수도 있어요."라는 말에는 "나서지 마라."라고 한다. 나는 바로 "내가 아닐 수도 있어요. 잘 자요."라며 잠을 청했다.

화요일 릴레이 중보기도 때도 계속 대적 기도하고 수요일 시어머님의 건강검진을 받는 동안 어머님과 함께하며 지난 시간 겪은 많은 일들을 나누는 동안 나의 간증문이 채택되었다는 연락을 받았다. 목요일 생각지 않은 돈이 입금되어서 결제를 다 하고도 5,000원이나 남았다. 그리고 저녁에 남편과 딸의 도움을 받아 가며 간증의 글을 읽고 수정하고, 남편은 읽기 편한 글씨체와 크기로 확대해 주었다. 마음에 기쁨이 가득하고 지금 생각해도 행복하다. 금요일 기도회 시간에 목사님께서 말할 때는 아나운서 톤으로 말해야 듣는 이들이 편하고 정확하게 들을 수 있다고 하셨다. 그리고 "호흡기도 하는 분 손들어 보셔요."라고 말씀하시고 손든 나에게 마이크를 주셨다. 말한 내용이 생각이 안 날만큼 가슴이 뛰었다. 아~ 하나님, 감사합니다. 나는 간증을 책 읽듯이, 기도하듯이, 강의하듯이 어떻게 해야 할지 맘속에 염려가 있었는데 연습할 기회를 주시다니…. 작은 신음에도 응답해 주시는 하나님의 손길에 무한 감사를 느끼며 토요일 나는 기쁨으로 간증문을 읽고 또 읽고 무한 반복하면서 입의 근육을 훈련했다.

주일 1부 예배에 남편은 함께 일찍 와서 응원해 주고 예배 후 "마무리 부분에 힘이 빠지더라. 그리고 또박또박 잘했다." 하고 칭찬한다. 이에 나는 이렇게 2부, 3부 예배 때에는 더 힘을 내어 간증을 전할 수 있었다. 나의 능력이나 환경을 생각지 않고 "예"라고 순종하고 기도한 이후 모든 것은 하나님께서 해결해 주셨다. 일주일 동안 나에게 일어난 일들은 기적이고 너무나 생생하게 각인되었다. '모든 염려를 나에게 맡기고 나의 일을 하렴.' 하고 작은 소리로 나에게 말씀하신다.

17

담쟁이처럼

    남편이랑 주말 도서관을 가는 돌담길에 담쟁이들이 눈에 들어온다. 가는 길을 멈추고 한참을 쳐다보며 사진을 찍는 나에게 남편은 왜 이러고 있냐고 말을 건넨다. 나는 담쟁이를 보고 있으니 내가 느껴진다고 말하고 담쟁이를 찬찬히 보고 있노라니 참 재미있다. 어느 하나도 같은 크기나 같은 모양이 없이 각기 다른 삶이 느껴진다. 어떤 것은 아무런 방해를 받지 않은 듯 쭉쭉 위로만 올라가더니 그만 돌담 벽을 넘어 버렸다. 그리고 어떤 담쟁이는 같이 시작해서 위로 올라가더니, '왜일까?' 갑자기 방향을 틀어 옆으로만 가고 있다. 마치 이 길을 걸어가는 사람들이 궁금해서 따라나서듯 한참을 나와 동행한다. 그리고 나에게 말을 건

낸다. 뭐가 그리 바쁘냐? 천천히 나처럼 세상을 사는 것은 어떤가? 라며 나를 붙드는 것 같다. 나는 담쟁이에게 '중력을 거슬러 위로 올라가는 것도 힘들지만 옆으로만 가고 있는 너는 힘들지 않냐?'라고 묻는다. 이것은 나에게 하는 질문이기도 하다. 나는 열심히 산다는 것에는 누구 못지않다고 자부하며 성공을 향해 매년 나에게 힘에 부치는 목표를 정하고 나를 뛰게 했다. 아무리 어려운 목표를 달성한 후에라도 그것을 유지하려는 순간 반드시 추락한다는 것을 나는 안다. 꾸준히 성장하기도 어렵지만, 꾸준히 유지하는 것 또한 쉽지 않다.

나는 옆에서 가만히 지켜보는 남편의 손을 잡는다. 그리고 웃으며 남편에게 생뚱맞은 담쟁이를 보게 한다. "이 녀석 좀 봐요. 왜 다른 담쟁이들은 다 위로 가는데 그것도 떼를 지어서 올라가고 있는데 왜 밑으로만 내려가고 있을까요?" 이 녀석의 생각이 궁금해져 남편에게 물어본다. 자신만의 당당함으로 자기의 길을 개척하며 꿈을 실천하는 중일까? 아니면 물 한 방울 없는 척박한 돌 틈에 뿌리를 내리느라고 안간힘을 쏟으며 삶을 살아 내고 있는 걸까?

나는 담쟁이와 같이 도서관을 향해 걸으며 수없이 지나갔던 시간을 떠올린다. 나는 하나님의 날개 안에 거하는 피난처를 알지 못하고 기도라는 무기를 알지 못할 때 주일이면 도서관에 와서 종일 책 읽는 것이 유일한 나의 취미였다. 아니 취미 생활을 할 만큼 여유롭지 않았다. 그저 멍때리는 시간조차도 가만히 있을 수 없는 극도로 두려움이 들 때면 나는 책을 읽었었다. 산다는 것이 나에게 커다란 짐이 되어 나의 어깨를 짓누르고 죽을 것 같은 공황장애의 두려움이 하루에도 몇 번씩 찾아오면 나는 이것을 피하는 방법으로 책 읽기를 하였다.

그러면 자연스레 나는 이 돌담길을 걸었다. 그때는 담쟁이를 보지 못했고 하늘이 보이지 않았다. 그저 발끝에 차이는 돌멩이가 보이고 뒹구는 낙엽이 보일 뿐이었다. 나는 지금 담쟁이가 너무 사랑스럽다. 담쟁이의 삶은 나에게 하나님께 꼭 붙어 있어야 한다는 메시지를 주는 것 같다. 담쟁이는 자신이 할 수 없다는 것을 인지하지 않고 어떤 환경을 만나더라도 자신의 길을 간다. 가는 길에 높은 벽이 앞을 막을지라도 담쟁이는 그저 묵묵히 그 벽을 넘는다. 딱딱한 돌 틈에 뿌리를 어떻게 내려야 하는지, 더 쉬운 환경은 없는지 고민하지 않는다. 혼자의 힘으로 감당이 되지 않으면 동지 담쟁이들과 의기투합하여 마침내 그 벽을 넘는다.

 말씀하시는 하나님께서는 자연을 통해 인간이 살아가는 지혜를 가르쳐 주신다는 생각이 든다. 담쟁이처럼 자신의 환경이나 능력을 재지 않고 한 걸음 한 걸음 앞으로 나아가는 절대적인 믿음이 나에게 있기를 소망한다. 담쟁이처럼 올라가는 신나는 시간에도 혹은 내려가는 아픔의 시간에도 그리고, 하나님의 뜻이 무엇인지 도무지 끝이 보이지 않는 지루한 시간에도 나는 담쟁이처럼 떨어지지 않는 인내의 시간을 버틴다. 그리고 류시화 시인의 「소금인형」이라는 시에서 '바다의 깊이를 재기 위해 바다로 내려간 소금인형처럼 당신의 깊이를 재기 위해 당신의 핏속에 뛰어든 나는 소금인형처럼 흔적도 없이 녹아 버렸네.' 하듯이 마침내 내 안에 내가 사는 것이 아니라 성령 하나님에 의해 살아지는 사람이 되고 싶다. 그래서 아무 능력 없는 내가 이렇게 글을 쓰고 있는 것이 아닐까?

18

벌거벗은 나무(나목)

나는 언제부터인가 나무를 바라보는 시선이 바뀌었다.

하얀 눈이 소복이 쌓인 소나무의 꿋꿋한 기상이 멋있어 보이고 봄의 향연이 시작되면서 아직은 앙상한 가지에 연초록빛의 나뭇잎이 하늘거리는 모습은 너무나 사랑스럽다. 그리고 매미 울음을 다 받아 내는 짙은 녹음은 뜨거운 여름날 잠시 그늘에서 쉼을 허락한다. 길지 않는 가을 단풍은 모든 사람을 바깥으로 불러낸다. 평소 자연에 관해 관심이 없더라도 단풍은 알록달록한 화려함으로 단번에 사람들의 시선을 모은다. 그리고 아름다운 풍경에 멋진 포토 샷을 남기기 위해 정신이 없다.

이렇게 나무는 나의 단조로운 삶에 시간의 흐름을 인지시켜 주고 고개를 들어 주위를 보게 해 준다. 특히 따스한 봄을 기다리며 추운 겨울을 버티기 위해 한 잎도 남기지 않고 다 떨어뜨린 앙상한 가지를 드러내는 나목을 감상하는 것을 좋아한다. 무성한 나뭇잎에 감추어지고 화려한 단풍의 치장에 가려져 보이지 않았던 나목의 생이 너무 살갑게 다가온다. 차가운 바람을 온몸으로 느끼며 아주 천천히 나무를 쳐다보고 있으면 오히려 마음이 편안해진다. 한 가지, 한 가지에 시선을 끝까지 보내다 보면 하늘에 닿을 듯 쭉 뻗어 신나게 성장한 것이 보이고 삐뚤빼뚤 힘들게 버틴 아픔이 보인다. 벌거벗은 나목의 생채기가 느껴지고 비바람에 꺾인 앙상한 가지까지 양분을 보내기 위한 생의 몸부림이 보인다.

사람은 자기 안에 있지 않은 것은 볼 수 없고 있는 것이 보인다고 한다. 내가 나목을 살갑게 느끼는 것은 내 안에 아픔이 많기 때문일 것이다. 추운 겨울, 이른 아침 공원을 걸으며 수많은 나무 중에 어느 한 그루도 같지 않음을 본다. 너무나 당연한 일이 왜 이제 깨달아지는지. 같은 하늘에서 햇볕이 내리쬐고 여름

장맛비와 태풍을 견디었지만 분명 나무마다 똑같이 성장하지 않은 것을 알아차리는 귀한 날이다. 나는 있는 그대로의 나를 인정하기 어려웠다. 나 스스로 만족하지 못하고 늘 비교의 대상이 있었고 따라가고 싶은 대상이 있었다. 그러나 그 대상은 사람이기에 완벽하지 않았고 진실하지 않았다. 나 역시 욕심이 과한 사람이고 욕망이 나를 항상 차분히 되돌아보는 시간을 갖지 못하게 하였다. 그래서 나는 늘 분주하였지만 내 뜻대로 결과를 얻을 수가 없어 안달을 내고 늘 부족하다며 그것을 채우기 위해 급급하게 일하다 보니 자족하는 기쁨이 없었고 주어진 것에 감사함이 없었다.

그러면서 나는 살고 싶지 않다는 생각을 한 적이 있었다. 사람들은 언제 죽음을 가장 많이 생각하는가? 라는 질문에—우리의 생각과 달리—춥고 살기 힘든 겨울에는 따뜻한 봄을 기다리는 소망이 있기에 견딜 수 있으나 막상 봄이 되었는데 아무런 희망이 없다고 느낄 때 죽음을 생각한다고 한다. 나는 밑 빠진 독에 물을 붓듯 채워지지 않고 빠져나가는 나의 수고가 나를 힘들게 하였고 이것을 알아차리기까지 아주 긴 시간을 나는 맘몬 영의 종이었다. 자연은 시시각각 변화하는 모습을 통해 문제 앞에 고민하는 나에게 하나님의 때를 기다리는 인내의 시간이 필요하다는 것을 가르쳐 준다. 그리고 이름 모르는 풀 한 포기, 작은 한 그루의 나무라도 그저 우연히 주어지지 않는다는 것을 깨닫게 된다.

시련은 사람을 연단시켜 뾰족한 모난 곳에 정을 대어 잘라 내고 아름답게 다듬는다. 그리고 오크통에서 오랜 시간 숙성된 와인일수록 풍부한 향과 맛이 더해 가듯이 성숙한 삶의 향기를 내는 사람의 모습은 분명 아름답다. 머지않아 죽은 듯 앙상한 가지에 매화의 꽃망울이 맺히고 푸름이 입혀질 것이다. 묵묵히 자연에 순응하며 자기의 때를 기다리는 줄 아는 지혜를 나목에서 배운다. 자연은 늘 나에게 생각하는 힘을 키워 주고 감사를 가르쳐 주는 스승이다. 그리고 자연을 통해 창조주 하나님께서는 곳곳에 하나님이 살아 계심을 알아차리게 보물들을 두셨고 하나님 자신이 얼마나 사랑이 많으시고 멋진 분이신지를 알게 하는 위대하신 창조주이시다.

19

하늘 도화지

    집 근처에 수목원이 있다는 것이 얼마나 감사한 일인가? 커피 한 통과 책 한 권을 가지고 소풍 가는 아이처럼 설렘으로 집을 나선다. 근래에 나에게 위안을 주는 새로운 취미가 하나 생겼는데 하늘을 감상하며 상상하는 것이다. 파란 하늘을 쳐다보고 있으면 나도 모르게 쓱 하늘로 빨려드는 것 같은 착각이 든다. 그리고 파란 하늘 도화지 위에 하나님께서 그려 놓으신 구름 작품에 이름을 붙이는 재미가 있다. 구름의 움직임을 보고 있노라면 거대한 세상의 중심에 내가 서 있는 느낌이 들어 어린아이처럼 괜히 기분이 좋다.

나는 하나님의 자녀가 되고 나이가 들어감에 따라 이해 못 할 일이 없어졌다. 조급하게 여겼던 문제들을 시간이 해결해 주는 것이 참 많다는 것도 알게 되었고 나는 점점 단순한 사람이 되어 간다. 나는 하늘을 바라보는 것이 이렇게 즐겁고 기쁜 일인지 잘 알지 못한 때가 있었다. 현실이라는 벽에는 마치 초등학교 운동회 때처럼 다양한 장애물이 기다리고 있다. 출발선 위에 6명의 친구가 출발 사인과 함께 뛰어가지만, 달리는 도중에 트랙 위에 설치되어 있는 여러 장애물을 통과해야 한다. 허들을 뛰어넘어야 하고 원통 같은 곳을 통과하고 나면 정신이 하나도 없는데 그물 밑을 기어 나와 다시 뛰고 매트 위를 구르고 달려야 하는 경기가 있다. 짧은 순간에 정신을 바짝 차리지 않으면 골인 지점을 잃어버려 보는 이들에게 웃음을 준다. 이 또한 즐거운 추억의 장애물 경기이지만 삶은 이것보다 훨씬 치열하고 모험이 가득한 전투인 것 같다. 그래서 여자들이 듣든지 아니 듣든지 남자들이 군대 이야기를 하는 것인지도 모르겠다.

나는 조용한 곳에 있는 벤치에 앉아 아무런 의식도 하지 않고 자연스럽게 심호흡하는 것이 얼마나 감사한가를 생각하고 있다. 코로 들어온 찬 공기가 가슴을 지나 뱃속까지 시원해지는 느낌은 내가 건강하게 살아 있음을 느끼게 해준다. 그리고 아주 천천히 내 몸 안에 있는 온갖 더러운 찌꺼기들을 입으로 뱉어 낸다. 이렇게 심호흡하다 보면 거저 주신 많은 것에 감사함을 느끼게 된다. 건강한 사람은 의식하지 못하는 호흡을 제대로 쉴 수가 없어서 '아, 이러다 갑자기 이별 인사도 못 하고 죽으면 어쩌지?'라며 죽음과 맞닿는 시간이 여러 번이었다. '과연 나의 죽음을 누가 슬퍼할까?'라는 질문을 두고 알 수 없는 서러움에 한참을 운 적도 있다. 이 세상의 모든 사람은 지극히 이기적이고 자기중심적인 사고를 하는 존재들이기에 죽은 사람은 그들의 기억에서 얼른 잊히고 사라질 것이다. 나는 죽음 뒤에 천국이 없다면, 아니 있는 줄을 몰랐다면 지금보다 나의 삶은 훨씬 더 피폐한 삶을 살고 있지 않을까? 헛된 많은 것에 욕심을 내며 시간을 허비하는 줄도 모르며 바쁘다는 말을 입에 달고 살면서 어디를 향해 가는지도 모르는 다람쥐 쳇바퀴 속을 뛰고 있지 않을까?

나는 눈앞에 있는 키가 아주 큰 나무에 눈길을 보낸다. 고개를 들고 목을 한껏 뒤로 제쳐 한 가지, 한 가지 끝까지 정성스럽게 시선을 보내다 보면 티끌 한 점 없이 아름다운 파란 하늘을 만나게 된다. 이 세상을 창조한 창조주의 거룩한 성품이 아닐까? 얼마나 멋진 예술가이시기에 이런 예쁜 빛깔을 만들어 낼 수 있을까? 세상을 얼마나 사랑하시면 어느 하나 그분의 손길이 닿지 않는 곳이 있을까? 그리고 코끝이 찡하도록 나를 얼마나 사랑하시는지 깨닫게 된다.

직면한 현실은 장애물들을 뛰어넘는 허들 경기 선수처럼 살아가는 삶이지만 잠시 멈추어 서서 고개를 들어 하늘을 바라보면 사람에게서 결코 얻지 못하는 마음의 평온과 시간의 여유로움과 지난 시간 아픔을 위로받게 된다. 그리고 깊이 맘껏 들이마셔도 되고 내면의 나쁜 부정 덩어리와 상처를 맘껏 뱉어 내어도 괜찮다. 이 모든 것을 다 받아 주는 넉넉함을 자연을 통해 하나님을 바라보며 배운다. 그리고 예수님의 값없이 지급해 주신 십자가의 사랑을 누리며 그저 받았기에 거저 줄 수 있는 사람이 되어 가며 나는 점점 더 깊어지고 더 넓어질 것에 미리 감사하다.

20

맨발로 걷는 것은

나는 처음으로 선배 벗님의 동행 덕분에 비 오는 날 우산을 쓰고 맨발로 앞산 고산골을 걷게 되었다. 1월, 차가운 겨울 날씨로 언 땅의 흙과 모래알이 고스란히 전해 주는 차가움과 통증으로 마치 걸음마를 연습하는 아기처럼 조심스레 걸어야 했다. 몇 발짝을 뗄 때마다 움찔거릴 만큼 아파서 자꾸 멈춰 서게 되었지만 10분이 지나고 20분이 지나면서 통증은 점점 없어지고 발바닥에 닿는 차가운 자극이 오히려 머리가 맑아지는 것 같았다.

다음 날 혼자 마사토가 깔린 초등학교 운동장을 걸었고, 온 신경이 발바닥에 쏠리고 첫날보다 훨씬 더 아팠지만 20분만이라도 버텨 보자는 생각으로 무작정 걸었다. 그리고 시간이 흐를수록 아픔이라는 통증 대신에 차가움으로 눈과 머리가 맑아지고 마사토의 모래가 주는 자극으로 온몸의 신경이 살아 꿈틀거리는 것 같았다. 자연이 해 주는 발 마사지로 나는 내 몸이 주는 신호에 민감해지고 나의 몸에 관심을 두고 사랑하고 건강하게 되었다. 가끔은 일이 많아서 피곤하고 쉬고 싶을 땐 집에 들어가면 다시 나오기 싫어질 것 같아 그냥 근처에 차를 세워 놓고 맨발로 운동장을 걷고 귀가한다.

나는 운동하는 것을 싫어하고 잘하지도 못했다. 유독 철봉 매달리기를 하는 시간에는 선생님께 혼이 난다. 밑에서 친구가 다리를 잡고 있다가 시작과 동시에 손을 떼면 바로 쪼르르 내려와 기록이 1초였다. 그나마 턱을 걸칠 수 있으면 10초는 버틴 것 같다. 어떤 일에도 늘 고비가 있듯이 혼자 걸으면서 발바닥이 아파서 그만할까 하는 생각이 들 때마다 나와의 싸움에서 지기 싫어 버티면서 성장이라는 이름의 한 계단씩을 오르게 된다. 그리고 문득 나에게 힘을 주고 울림을 주었던 이철환 작가의 어른을 위한 동화 『위로』가 생각난다.

키 큰 나무가 파란 나비 피터에게 하는 말이

"네가 진정으로 높이를 갖고 싶다면 깊이에 대해 먼저 고민해야 해. 깊이를 가지면 높이는 저절로 만들어지는 거니까. 하늘로 행군하기 위해서 나무들은 맨손 맨발로 어두운 땅속을 뚫어야 하거든. 깊이가 없는 높이는 바람에 금세 쓰러지니까."

그리고 피터의 질문에 키 큰 나무는 다시 말한다.

"깊이를 갖고 싶다면 높이에 집착하지 말고 지금 해야 할 일을 하며 묵묵히 걸어가면 돼. 깊이를 갖는다는 건 자신의 가능성을 긍정하며 어둠의 시간을 견디겠다는 뜻이니까…"

물이 부족해도 선인장이 견디듯이 힘든 상황을 견디는 것은 지금은 알 수 없지만, 성장을 위해 어두운 땅에 뿌리를 내리는 중이다. 그래서 나는 나를 응원한다.

맨발 걷기를 하기 전에 나는 조바심을 많이 내는 사람이었다. 그래서 하나를 하는 시간을 충분히 내지 못하고 얼굴에 시트지 팩을 붙이고 글을 읽고 운동하면서 강의를 듣는다. 몇 시간을 진득하게 고민하고 생각하는 것이 어려운 사람이었다. 그러나 맨

맨발 걷기는 한국 무용의 춤사위처럼 정성스레 한 발 한 발을 디디며 조용히 혼자 사색의 시간이 되고 기도의 시간이 됨이 좋다. 가끔 고개를 들어 하늘을 보고 하늘거리는 나뭇잎의 속삭임을 느끼며 자연이 주는 위대한 치유를 통해 창조주의 사랑을 본다.

처음 맨발 걷기를 한 1월, 비가 오거나 눈으로 얼음 밭이 된 운동장을 딸이 함께 걸어 주어서 외롭지 않고 습관으로 자리 잡았다. 서로의 꿈을 나누고 다가올 일들에 대한 계획과 생각을 듣는 시간이 되었다. 학교생활에서 전 과목 A+ 받는 노력파이고 언제나 친구들을 잘 품고 함께 나가는 리더인 딸이다. 둘이 아빠 흉(?)을 보며 아빠도 함께 맨발 걷기를 하게 하자고 음모를 꾸미고, 어떤 선택을 결정할 때도 자신의 소신과 충분한 정보를 가지고 의논해 주는 딸이다. 저녁마다 발이 아프고 시리다더니 물집이 잡혀도 함께 걸어 준 딸 덕분에 외롭지 않다. 그리고 원정 가듯이 비 온 다음 날, 질퍽거리는 수목원을 걷다 보니 발가락 사이에 진흙이 간지럼을 태운다. 미끄러운 황톳길을 둘이 손을 잡고 걷고 되돌아오는 길은 신이 났다. 올라가며 찍힌 수많은 발자국 속에서 맨발 자국은 표가 나고 우리는 보물을 찾듯이 웃으며 행복했다.

이제 딸이 결혼하고 미국으로 떠나 함께 맨발 걷기를 할 기회가 없어졌다. 그러나 이제 나는 할머니가 되었고 다음에 만날 때는 애나와 함께 딸과 운동장을 걷고 싶다. 그리고 그 해 추운 겨울 이야기를 나누고 싶다.

맨발을 걷는다는 것은 기도와 같다. 분주한 일정 속에서 조용히 맨발을 걸으며 위대한 자연이 주는 혜택을 공급받는다. 마치 전지전능한 절대자 앞에서 내가 작은 자로 인식되었을 때 기도하게 되고 그분에게 무한한 신뢰를 보낼 때 그분의 능력이 나의 능력이 되고 감사가 되는 것이다. 맨발을 걷는 것은 나에 대한 사랑이고 응원이다. 그리고 나를 사랑하는 하나님을 느끼는 시간이며 찬양을 듣고 기도하는 시간이다.

21

맨발의 유익

모처럼 대구에 있게 된 주말 오후, 맨발 걷기를 하기 위해 집 앞에 있는 초등학교 운동장에 왔다. 나는 항상 화단 돌 위에 파란 슬리퍼를 벗어 놓고 맨발 걷기를 시작한다. 요즘은 엄청나게 건조한 날씨가 이어지고 있어 산불 경계 주의보가 발령되었고 며칠 전에는 큰 산불로 주민들이 대피하는 위험한 순간도 있었다. 다행히 인명 피해는 없었지만, 넓은 면적의 산림을 태워 경제적 손실이 엄청나다는 뉴스를 들었다. 학교 운동장의 모래흙도 물기가 하나도 없는 건조하고 까칠한 땅의 느낌이 고스란히 느껴진다. 먼지가 날리고 하늘도 뿌옇게 보인다. 운동장의 한구석에는 중학생인 듯한 남자아이들과 여자아이들이 피구 경기하고 있다. 공으로 네모 안의 상대편 선수를 바깥에서 맞추어 불러내고 네모 안에 상대편 선수가 없으면 이기는 경기이다. 나도 체육 시간에 여러 번 했던 기억이 나고…. 날아오는 공을 받아 낼 만큼 담력이 없고 겁이 많아 이리저리 맞지 않으려고 피하다 보니 오히려 꽤 긴 시간을 살아남아서 팀의 승리에 일조한 것 같다. 나는 아이들이 경기하는 곳을 멀찍이 피해 운동장을 걷는다. 딸에게 자전거를 가르쳐 주기 위해 뒤에서 자전거를 잡고 열심히 따라가는 아빠도 보인다. 모처럼 걸어서인지 땅에 수분이 없기 때문인지 아주 작은 돌을 밟기라도 하면 자지러지게 아프다. 그래도 걷다 보면 괜찮을 것을 알기에 발에 힘을 빼고 사뿐사뿐 걷고 있다.

나는 부산에서 지내기 전에는 저녁마다 혼자 운동장을 걸으면서 귀에 이어폰을 꽂고 찬양을 들으며 기도하는 시간이었다. 설교 말씀을 묵상하면서 나의 삶을 말씀에 견주어 보며 나를 살피게 되어 어느 날은 회개가 터져 울기도 하고 어느 날은 찬양의 은혜에 젖어 함께 부르기도 한다. 그리고 성령 충만한 뜨거운 날에는 방언으로 통성기도를 하고 아주 가끔 낮에 교문 앞에서 아이들에게 전도지와 사탕을 돌리기도 한다. 이렇게 맨발 걷기를 통해 하나님을 만나는 시간이 되고 나의 건강을 지키는 수단이 된다. 발은 온몸의 축소판이고 제2의 심장이라고 한다. 발뒤꿈치가 갈라지거나 발바닥이나 발가락 모서리에 딱딱한 굳은살이 박여 있다는 것은 혈액 순환이 잘되지 않기 때문이다. 잘 걷지 않거나 너무 두꺼운 밑창이 붙은 신발은 발의 관절이나 근육을 쓰지 않게 하여 발에 피가 잘 돌지 못한다. 맨발 걷기는 심장에서 나온 피가 발가락의 자극으로 혈액 순환을 촉진시키고 장기의 운동을 도와 몸을 건강하게 한다. 특히 맨발로 땅을 디디므로 음전하가 사람 몸속의 양전하를 중화시키면서 염증을 일으키는 활성산소를 배출한다. 음전하가 풍부하게 공급되면 서로 뭉쳐 있는 끈끈한 혈액의 점성이 낮아지고 묽어져 순환이 빨라진다. 특히 비가 내리는 날이면 땅이 촉촉하게 젖어서 접지 효과가 높고 땅의 부드러운 쿠션의 느낌이 좋아 우산을 쓰고 걷는 것을 좋아한다. 눈이 뻑뻑하고 몸이 왠지 무겁고 피곤하다는 생각이 들면 맨발 걷기를 해야겠다는 생각이 먼저 든다.

나는 땀을 흘려 가며 힘들게 운동하는 즐거움을 알지 못하지만, 맨발 걷기로 인해 몸이 가벼워진다. 발의 자극이 눈과 뇌의 자극으로 이어져 지쳐 있는 눈의 피로가 회복되어 시원해지고 머릿속이 차가울 만큼 맑아지는 유익을 누린다. 그리고 한 40분이 지나면 장운동이 시작되어 걷는 중간에 급히 집으로 돌아온 적도 여러 번이다. 그리고 좋은 것은 나누어야 하듯이 만나는 분들에게 권하기도 하고, 마음은 하고 싶은데 어색해서 혼자 시작하기 꺼려지는 분들과는 함께 걸어 주는 시간을 내기도 한다. 자주 걸었던 지인은 불면증으로 힘든 생활에서 잠을 잘 자고 건강해졌다고 만날 때마다 고맙다는 인사를 한다. 그리고 뱃살이 빠지고 있다고 말하는 분도 있고 고혈압의 불편한 증세들이 완화되었다는 말을 전해 주기도 한다. 맨발을 걸으면서 짬짬이 낮의 공백을 활용하다 보니 여러 동네의 공원을 산책하게 되고 하나님께서 만들어 주신 자연의 혜택을 만끽하며 감사한 마음이 자라고 있다.

22

미리 막으신 사고

주말 아침은 일주일 중에 유일하게 남편과 여유로운 아침을 즐긴다. 지난밤 잠들 때는 아침 늦도록 늦잠을 잘 것 같지만 언제나 평소의 습관대로 일찍 눈이 뜨이고 먼저 일어난 남편이 미리 준비해 놓은 커피와 간단한 간식을 먹거나 남편이 찾아 둔 멀지 않으면서도 풍경이 예쁜 브런치 카페를 찾아 나들이하러 간다. 카페마다 다르게 느껴지는 커피의 향과 맛을 즐기고 더불어 간단한 아침 식사 하며 소소한 행복을 같이 누린다. 평일 서로 여유롭게 나누지 못한 이야기를 나누고 감사한 일과 지난밤 기도회에서 하나님과의 만남을 나누는 둘만의 데이트 시간이다. 주말에 나누는 대화의 시간으로 인해 너무나 다른 성격을 가진 둘이 서로의 생각을 잘 알고 적당한 조율을 하며 살아가는 것 같다.

오늘도 늦잠은 틀린 것 같아 책상에 앉아서 책들을 펼쳐 놓고 있는데 남편이 커피와 빵을 먹으러 가자고 한다. 우리는 일찍 오픈하는 카페를 검색하고 앞산 순환도로를 지나고 있는데 갑자기 몇 년 전, 하나님께서 돌봐 주신 감사한 사건이 생각이 나고 남편이랑 그때 일을 떠올려 보았다.

나는 출퇴근 시간보다 덜 복잡한 오후 시간에 고객과의 약속 시간에 맞춰 앞산 순환도로 위를 운전하고 있었다. 무심히 차의 흐름을 따라 브레이크에 발을 올렸는데 갑자기 작동되지 않는 것 같아 순간 너무 놀랐지만, 혹시나 하는 마음에 다시 브레이크 페달을 밟았지만 차의 속도가 줄지 않는다. 순간 머리가 하얘지고 가슴이 쿵쾅거리며 떨리는 마음으로 어떻게 해결할 수 있는지 생각하기 시작했다. 다행히 신호가 없는 순환도로라 금방 서지 않아도 되지만 신천대로로 옮겨 가기 전에 두어 번의 신호를 받아야 한다. 나는 두근거리는 마음으로 하나님께 '제발 차를 안전한 곳에 멈출 수 있게 해 달라'고 간절히 기도를 드리며 남의 차를 부딪치지 않고 혼자 부딪쳐 설 수 있는 곳을 생각하며 비상등을 켜고 운전했다. 눈앞에 보이는 빨간 신호에 기다리고 있는 차를 보면서 울부짖듯 나는 '파란 신호로 바꿔 주시기'를 기도했다. 너무나 감사하게도 하나님의 은혜로 파란 신호로 바뀌어 앞의 차들이 출발하게 되고 나 역시 파란 신호를 받았고 순환도로 끝자락에 있는 좁은 골목으로 핸들을 꺾어 들어서게 되고 겨우 인도를 거쳐서 차를 멈추게 되었다. 온몸에 힘이 빠지면서 나는 운전대에 고개를 묻고 잠시 심호흡하고 감사기도를 드렸다.

차를 점검할 때마다 찾는 정비소에 연락하고 견인차가 와서 내 차를 끌고 가면서 수리가 끝나면 연락을 주기로 했다. 나에게는 일이 우선시되었던 때라 기진맥진한 상태로 아무 일 없다는 듯 늦었지만, 약속 장소로 가게 되었다. 그리고 '얼마나 뒤에 연락이 왔는지, 무슨 고장이었는지….' 하는 일들은 생각이 나지 않는다.

다만 남편과 차를 찾으러 갔을 때, 나에게 "정말 운이 좋았어요. 차가 그냥은 보이지 않는 타이어 안쪽이 긁혀서 철심이 드러나 터지기 직전이라 조금 더 운전했으면 터져 큰일 날 뻔했어요."라고 정비소 사장님이 말한다. 수리하려고 차체를 올려놓고서야 발견하게 되었다고 하신다. 남편은 정말 큰일 날 뻔했다고 안도의 한숨을 쉬면서 만일 이런 일로 차를 멈춰야 하면 사이드 브레이크를 당기라고 알려 주었다. 남편과 나는 두렵고 무서운 순간보다 '더 큰 일을 미리 막아 주신 하나님'의 보호하심에 감사를 드렸던 그때의 일이 떠올려져 다시 감사로 살아야 한다고 다짐하였다.

그리고 수성못이 내려다보이는 카페에 앉아서 나는 커피와 빵을 먹으며 그저께 밤 꾼 꿈을 나누었다.

꿈에 나는, 전교인 전도 축제인 '더(The) 주일'에 전도하기 위해 동네를 다니면서 전도지를 나눠 주고 사람들과 만나기 위해 연락처를 주고받으며 골목으로 옮겨 가는데…. 커다란 궁궐 같은 한옥이 엄청난 시뻘건 불길에 타고 있다. 너무 놀라 다른 골목으로 방향을 돌렸는데도 불길이 옮겨붙어서 타닥타닥 타는 소리와 불꽃이 나에게 튀어서 너무 놀라 깨서 시계를 보니 4시 39

분이다. 새벽 예배를 가기 위해 맞춘 알람이 울기 1분 전이라 서둘러 일어나 새벽기도에 참석하였다. 하나님, 제 꿈처럼 우리 교회가 불같이 부흥이 되는 교회가 되게 해 주십시오. 그리고 추수하는 일꾼이 되게 해 주세요. 나는 꿈의 장면들을 떠올려 가며 땀이 날 정도로 뜨겁게 기도하였다. 그리고 그날 저녁 금요 기도회에서 〈불속에라도 들어가서〉 찬양을 처음 접하게 되었고 나는 아침의 꿈을 다시 떠올리며 뜨거운 마음으로 '아멘'으로 받았고 뜨거운 가슴으로 VIP와 그의 가정을 두고 기도한다.

23

고속도로 위 기도회

　나는 딸이 사는 부산을 오고 갈 때마다 밤에 운전하게 되었다. 처음에는 새벽에 일찍 일어나서 대구에서 출발하고 부산에서 아이들과 지내다가 차가 막히기 시작하기 전인 이른 오후에 대구로 오곤 하였다. 그러나 애나가 태어나고 늘 잠이 부족한 딸을 조금이라도 더 자게 해주고 싶어서 일을 마치고 밤에 운전해 부산에 도착하면 거의 자정이 된다. 애나와 내 방에서 자는 딸을 안방으로 보내고 나는 애나와 함께 잠을 잔다. 그리고 다음 날 아침 늦게까지 딸과 아들이 잘 수 있게 애나가 일어나면 기저귀를 갈고 분유를 먹이고 함께 키 커라 체조하고 장난감을 가지고 놀아 준다. 이렇게 3일간 부산에서 딸이 쉴 수 있게 애나와 공원을 산책하고 마트에서 장을 봐서 딸이 좋아하는 음식으로 식탁을 차려 아들과 함께 식사한다. 아들도 내가 만들어 주는 갈비찜이나 잡채를 좋아한다. 그리고 요리가 취미인 아들 덕분에 평소에 고급 레스토랑에서 먹을 수 있는 음식들을 나는 살이 찌는 것이 걱정될 만큼 맛있게 먹는다. 그리고 애나를 목욕시키고 재우고 출발하면 밤이 꽤 깊어서 대구에 도착하게 된다.

이렇게 매주 왕복하다 보니 이제 고속도로가 익숙해져 자연스레 말씀을 듣고 찬양을 들으며 기도하는 시간이 되었다. 매주 고속도로 위에서 주일예배를 영상으로 드리고 기도회의 시간에도 영상으로 혼자 통성기도를 하는 밤 운전이 되었다. 어느 날은 조용기 목사님과 함께 2시간 방언 통성기도 영상을 틀어 놓고 기도하다 보면 어느덧 집에 도착해 있다.

밤에 고속도로는 낮에 보이는 풍경에 눈길을 빼앗기지 않아 기도하기에 좋다. 더구나 도로가 한산하니 맘껏 통성기도를 할 수 있어 더욱 힘이 난다. 부산으로 가면서 딸과 아들 그리고 애나의 이름을 불러 가며 기도하다 보면 온 힘을 다해 대적 기도할 때도 있고 축복이 임하는 기쁨을 느낄 때도 있다. 딸이 아들과 함께 교회에서 외국인 예배를 드리다가 임신 중에 코로나로 예배드리지 못하는 안타까움에서 속히 벗어나기를 기도하는 시간이다.

그리고 애나가 하나님의 품 안에서 지혜롭고 아름다운 사람으로 자라기를 기도하고 둘째 아기의 임신과 출산을 위해 기도하는 시간이다. 애나가 예쁘게 자라고 브랜든이 건강하게 태어나 부산에서 함께 지내는 감사한 시간이 있었다. 그리고 딸이 둘째 아기 출산 후에 얻은 치질로 수술하게 되었고 통증이 얼마나 심한지 옆에서 지켜보는 것만으로도 마음이 너무 아프다. 나는 제대로 앉기도 힘들어하는 딸과 두 아기까지 마치 아기 셋을 키우는 시간이 되었다. 딸도 아기가 되어 가고 애나를 어린이집을 보낸 후에 브랜든을 돌보면서 애나 이유식을 준비하고 애나가 집에 오면 퇴근한 아들이 브랜든을 돌볼 동안 애나를 씻기고 애나 방에서 한 시간 책을 보다가 재우고 나서 브랜든을 씻기고 재워야 아들은 준비한 저녁을 할 수 있다. 나는 쉴 틈이 없다. 그래도 함께하는 이 시간이 아이들이 미국으로 가고 나면 나에게 값진 추억이 될 것이라 어느 순간도 허투루 보내기 싫은 시간이다.

  나는 피로가 극에 달한 두 달 만에 꼭 참석해야 하는 중요한 업무가 있어 대구로 출발하게 되었다. 그동안 잠이 부족한 탓인지 부산에서 출발한 지 얼마 되지 않아 졸음이 오기 시작하고 나는 아들이 준비해 준 커피 한 통을 마시며 잠을 깨우기 위해 편의점에 들러서 졸음 방지 껌과 과자를 샀다. 그리고 남편에게 출발하고 있다고 문자를 보냈다. 크게 찬양을 틀어 놓았는데도 잠이 오기 시작한다. 그래서 속도를 늦추었다. 늦은 밤이라 졸음쉼터에서 혼자 쉬는 것도 두렵고 졸음을 참아 가며 청도 휴게소까지는 가야 했다. 한쪽 손으로 눈꺼풀을 잡고 운전하다가 남편과 스피커폰으로 통화라도 하면 좋을 것 같아 전화를 걸었지만 받지 않는다. 그리고 나는 졸기 시작했고 순간 옆 차선으로 넘어가는 느낌에 놀라서 제 차선으로 돌아왔으나 무거운 눈꺼풀을 이겨 낼 수가 없었다. 나는 얼마나 졸면서 왔는지 알 수가 없었다. 나를 따라오던 커다란 덤프트럭이 추월해 가면서 클랙슨을 눌렀고 나는 깜짝 놀라 잠에서 깼다.

그리고 정신을 차리고 보니 늦은 주일 밤 한산한 고속도로 위에서 나는 위험천만하게 졸고 있었고, 클랙슨을 울려 깨워 주신 운전기사분이 없었으면…. 생각만 해도 소름이 끼친다. 나는 2시간이면 올 수 있는데 2시간 40분 만에야 집에 도착할 수가 있었다. 남편은 "전화는 와 있고, 네가 고속도로 위를 운전 중일 거라 재차 걸 수도 없어 걱정만 하는 중이다."라고 한다. 나를 지켜 주신 하나님께 한없는 감사를 드리며 집에서 하루 쉬는 동안에 모든 것이 회복되어 다시 부산으로 기쁘게 출발할 수 있었다.

제4장 구원 :

하나님의
마지막 지상 명령

24

아이들에게 복음을 1 :
하나님의 질문

　남편의 출근을 도와주고 돌아오는 길에 세월호 사고가 일어난 지 8년이 되었다는 현수막을 접하게 되었다. 그러면서 나는 아이들에게 복음을 전하는 새소식반을 하게 된 계기가 생각이 난다. 세월호의 침몰로 많은 학생이 생명을 잃게 되어 온 국민이 가슴 아파하고 안타까워했다. 나 역시 TV 속 속보를 보며 온종일 안타까운 상황에 발을 동동 구르며 속상하고 가슴이 아팠던 기억이 난다. 실종자들의 무사 귀환을 바라는 간절함을 담은 노란색 리본이 온 나라를 덮었다. 그리고 몇 달이 지난 어느 날 기도하는 중에 하나님께서는 나에게 세월호 사고를 떠오르게 하셨다. 그리고 너무나 분명하게 나에게 질문하셨다. '사고로 희생된 많은 아이 중에 예수님을 믿을 기회조차 없는 아이들의 영혼을 너는 어떻게 생각하느냐?'라고 물으셨다. 나는 그 아이들의 영혼이 너무 안타까워 가슴이 미어지듯이 아파서 펑펑 울었다. 그리고 '그 아이들을 사랑하시는 하나님의 마음은 또 얼마나 아프실까?'라 생각하며, 아이들이 예수님을 영접하여 하나님의 자녀가 되고 구원의 기쁨을 누리는 귀한 삶이 될 기회를 주는 전도를 해야겠다고 다짐했다. 잊지 않기 위해 주일예배와 금요 기도회의 설교 말씀을 마인드맵으로 기록하기로 했다. '정곡을 찌르는 하나님의 질문을 미련한 내가 혹시 잊어버릴까?' 하는 염려에 조금 배워 두었던 마인드맵으로 말씀을 그린다. 그럴 때마다 하나님의 질문이 마음에 각인이 되고 나는 어떻게 하면 좋을지를 늘 기도하게 되었다.

한참 시간이 지나 주일예배 때 목사님께서 어린이들에게 복음을 전하는 새소식반을 시작하게 되었으니 많은 성도가 아이들을 전도하는 데 참여하라는 광고를 하셨다. 나는 처음 듣는 사역이라 어떻게 하는지 알 수는 없지만, '혹시 기도하고 있는 일이 아닐까?' 하는 생각이 마음에 훅 들어왔다. 나는 리더에게 어떤 일인지, 내가 할 수 있는 일인지, 의논하기 위해 전화했다. 그리고 돌아오는 대답에 나는 마음의 문을 닫게 되었다. 새소식반 사역은 아이들에게 단지 복음을 전하는 것뿐만이 아니라 교문 앞으로 전도하러 가고 말씀과 찬양과 율동을 가르쳐야 하므로 시간을 많이 필요로 하는데 집사님은 일하기 때문에 바빠서 하실 수 없을 거라는 말에 나는 다른 기회가 주어지기를 기다리기로 했다.

그런데 목사님께서 금요 기도회에서 다시 광고하셨고 나는 기도하는 내내 하나님의 질문을 생각하며 뜻을 구하게 되었다. 그리고 다음 날 비전센터에 있는 카페에 약속이 있어서 왔는데 엘리베이터 앞에 붙은 새소식반 포스터를 보게 되었고 나도 모르게 핸드폰으로 찍었다. 그리고 집에 와서 편한 복장으로 갈아입고 집에서 가까운 산을 오르면서도 머릿속에는 목사님의 새소식반 광고의 말씀이 떠오르고 내려오는 내내 할 수 없는 일에 미련을 버리지 못한 나는 결국 포스터에 적혀 있는 분께 전화를 걸었다. 그리고 나의 솔직한 마음을 전하게 되었고 "여러 분야가 있어요. 가르치시기 힘들면 간식을 맡아 주셔도 좋아요."라는 유쾌한 대답에 간식 담당은 할 수 있을 것 같아 첫 모임에 참석했다. 함께 기도하고 인사를 나누고 친분이 있는 분이 한 명도 없어서 나는 간식 담당은 무엇을 하는지 물어볼 기회도 없이 자연스럽게 어린이전도협회에서 하는 3일 클럽 훈련받으시는 교사들을 따라 전도 현장에 참여하게 되었다. 선교사님을 따라나선 처음 전도하는 현장에서 나는 눈물을 흘리며 긍휼하신 하나님의 질문에 합당한 일을 찾게 되어 하나님께 감사드렸다.

나는 참 단순한 사람이라 어떤 일을 선택할 때 쉽게 포기도 하지만 쉽게 불이 붙는 사람이다. 현재 내가 하는 일에 대한 성과급 프로모션이 한창 진행 중인 중요한 시기였지만 일을 미루고 약속을 바꿔 가며 동행한 전도의 현장과 그 아이들에게 말씀을 전하고 찬양과 율동을 함께 하는 시간 중에는, 나는 나의 능력과 환경은 보이지 않았다. 그저 가슴이 뛰는 일이기에 교사가 되기로 하였다.

지금 생각해 보면 너무 우습다. 어떤 아이들은 새소식반에 간식을 먹기 위해 오면서 말씀을 알아 가기도 한다. 그만큼 중요한 일이다. 간식을 만드는 교사들은 아이들이 좋아할 간식들을 고민하여 메뉴를 정하고 직접 시장을 보고 만드는 데 온 정성을 쏟으신다. 평소에 요리하는 일에 관심도 적고 음식솜씨가 젬병인 내가 가르치는 것보다 간식 만드는 일은 분명 더 힘든 일이었을 것이다. 어쨌든 나는 지금도 새소식반의 교사로 있다.

25

아이들에게 복음을 2 : 복음 제시

나는 어린이전도협회의 선교사님 한 분과 같이 전도의 현장에 동행하였다. 비가 오는 날이라 우산을 쓰고 다니는 것이 불편하지만 복음을 어떻게 전하는지 배우고 싶다는 생각에 소풍 가는 아이처럼 가슴이 두근거리고 기분이 설렌다. 선교사님은 지금 막 시작하는 나에게 새소식반을 사역하면서 얻은 감동을 전해 주시고 자신 없어 하는 나에게 사랑하는 마음으로 하나님의 일을 하겠다고 결정하고 나면 그다음은 하나님께서 인도해 주신다는 말에 힘을 내기로 했다. 그리고 선교사님을 통해 하나님께서 가장 기뻐하시는 전도사역을 하고 계시는 자부심을 보게 되었다.

하교하는 아이들에게 전도지를 주기 위해 이리저리 뛸 수밖에 없었고 도망가듯이 잰걸음으로 가는 아이들을 불러 세우며 한 아이라도 더 전달할 수 있기를 바라는 간절한 소망이 생겼다. 다행히 빗줄기가 잦아들고 전도지를 전하는 중에 예쁜 어린 자매에게 선교사님께서 복음을 전하게 되었다.

어린 두 친구의 이름을 물어보며 "재미있고 놀라운 이야기를 들어 보겠니?"라는 물음과 "예" 대답에 『글 없는 책』을 내밀었다. 글자가 하나도 없이 그저 5가지의 색상만 있는 아주 작은 흥미로운 책이다.

선교사님은 황금색 장을 보여 주며 하나님과 예수님이 사시는 천국과 하나님께서 이 세상을 만드시고 너를 만드신 분이시다라는 것을 알려 주었다. 그리고 성경을 펴서 "하나님이 세상을 이처럼 사랑하사 독생자를 주셨으니 이는 그를 믿는 자마다 멸망하지 않고 영생을 얻게 하려 하심이라."(요한복음 3:16) 구절을 함께 읽고 '세상을' 대신에 어린 친구의 이름을 넣어 다시 읽는다.

검은색 장을 보이며 "그런데 이 멋진 천국에 갈 수 없게 하는 것이 있는데 죄란다.", "친구는 죄가 뭔지 알아?" 어린 친구는 눈을 동그랗게 뜨고 잠시 생각하더니 동생과 싸우고 부모님 말씀을 듣지 않은 그것을 떠올렸다. "죄는 하나님이 기뻐하시지 않는 말이나 행동이란다." 하고는 로마서 3장 23절을 찾아서 읽으신다. "모든 사람이 죄를 범하였으매."

"우리는 모두 태어날 때부터 죄를 지으려는 마음을 가지고 있어. 죄는 하나님과 영원히 떨어져 하늘나라에 들어갈 수가 없고 무서운 벌을 받아야 한단다. 그런데 하늘나라에 갈 수 있는 오직 한 가지 길이 있단다."

붉은색 장을 보여 준다. "이 길은 예수님이란다. 예수님은 하나님의 아들이시지만 이 세상에 사람의 몸으로 태어났단다. 원래 죄가 없으신 예수님은 우리의 죄를 대신해서 십자가에서 돌아가셨어." 한다.

"피 흘림이 없은즉 사함이 없느니라."(히브리서 9:22) 했듯이 예수님이 십자가의 피 흘림으로 너는 죄의 용서를 받을 수가 있어. 그리고 예수님께서는 "이는 성경대로 그리스도께서 우리 죄를 위하여 죽으시고 장사 지낸 바 되었다가 성경대로 사흘 만에 다시 살아나사."(고린도전서 15:3~4) 말씀하신 대로 3일 만에 다시 살아나신 예수님은 지금은 하늘나라에 계신단다.

깨끗한 색 장을 보여주며 "예수님께서 해주신 일로 너는 죄를 용서받을 수가 있단다."라고 알려 준다. 요한복음 1장 12절 "영접하는 자 곧 그 이름을 믿는 자들에게는 하나님의 자녀가 되는 권세를 주셨으니." 성경책을 펼쳐서 읽어 주신다.

"영접은 예수님을 너의 마음에 모셔 들이는 거야. 믿는다는 그것은 예수님께서 너의 죄를 대신해서 피 흘려 돌아가시고 3일 만에 다시 살아나심을 믿는다는 뜻이야." 말씀을 설명한 후 "너는 예수님을 너의 마음에 모시기를 원해?"라며 묻는다. "예"라는 답에 선교사님은 예수님을 영접하는 기도를 가르쳐 주신다. 그리고 나는 어린 두 친구의 떨리는 마음의 고백을 그저 묵묵히 지켜보면서 마음에 커다란 감동을 하며 눈물을 흘렸다.

"하나님, 저는 죄를 지었어요. 죄송합니다. 예수님이 저를 위해 십자가에서 돌아가시고 다시 사신 것을 믿어요. 이제 내 마음에 오셔서 제 마음을 바꿔 주시고 제가 예수님이 원하시는 대로 살아가도록 도와주세요. 감사합니다. 예수님의 이름으로 기도합니다. 아멘."

하나님의 자녀가 된 두 아이에게 요한복음 1장 12절의 말씀 영접하는 '자' 대신에 친구의 이름을 넣어 다시 읽었다. 그리고 "내가 결코 너희를 버리지 아니하고 너희를 떠나지 아니하리라 하셨느니라."(히브리서 13:5)라는 말씀을 읽는 아이에게 질문을 통해 아이의 마음에 예수님이 계심을 확인하고 그 예수님은 결코 버리지도, 떠나지도 아니하심을 거듭 알려 준다.

초록색 장을 통해 하나님의 자녀가 되어서 풀과 나무처럼 쑥쑥 자라야 한다는 것을 말한다. 그런데 다시 죄를 짓게 되면 어떻게 해야 할까? 질문하면서 성경을 펼치신다. 요한일서 1장 9절 말씀 "만일 우리가 우리 죄를 자백하면 그는 미쁘시고 의로우사 우리 죄를 사하시며 우리를 모든 불의에서 깨끗하게 하실 것이요. 아멘." 그리고 말씀을 설명하신다. "자백한다는 것은 사실대로 고백하는 거야. 그러면 한번 약속해 주신 그것을 반드시 지키시는 하나님께서는 우리의 죄를 용서해 주시고 죄를 짓지 않도록 도와주신다는 약속이야." 한다. 그리고 "하나님, 저를 용서해 주시고 사랑하게 해 주세요. 예수님의 이름으로 기도합니다. 아멘." 기도하는 방법을 알려 주고 하나님의 자녀에 대한 특권을 말해 준다. 또한, 언제든지 하나님께 말할 수 있는 기도와 하나님의 말씀인 성경을 읽고 하나님을 믿지 않는 가족이나 친구들에게 말해 줄 수 있는지를 물으신다. 모르는 그것을 더 배우기 위해 교회나 새소식반에 오는 길도 알려 준다.

하나님의 자녀가 된 아이의 감사기도와 아이를 축복하는 선교사님의 기도를 들으며 나는 어린이를 전도하는 새소식반을 감사함으로 시작하게 되었다.

26

들음의 누적 :
아이들의 변화

새소식반을 하는 우리 교사들은 금요일이 되면 늘 분주하다. 일찍 방과하는 저학년의 아이들을 만나기 위해 교문 앞에서 전도지와 사탕을 나눠 주며 아이들을 새소식반을 여는 장소로 초대한다. 그리고 우리는 돌아와서 풍선을 불어 꽃을 만들어 붙이고 책상과 자리를 배치하고 각자가 맡은 순서대로 리허설을 한다. 그리고 한편에서는 간식을 담당하는 교사들의 손길이 바쁘다. 직접 시장을 봐서 와플을 만들거나 떡볶이를 만드는 날이면 일하다 점심을 먹지 못하고 올 때가 많은 교사에게 추운 날씨와 배고픔의 문제를 해결할 수 있게 시식하는 특혜를 주서서 감사하다. 그리고 우리는 새 친구와 인도자들을 위한 특별한 선물과 복습게임에서 문제를 맞히는 아이들에게 줄 선물과 복음 딱지를 진열해 놓고 고학년의 아이들을 초대하기 위해 다시 교문으로 나가 아이들을 만난다. 저학년의 아이들은 부모님의 허락이 있어야 하기에 늘 자유롭지 못하다. 시간이 되는 아이들이라도 늘 학원 가는 시간을 물어보고 우리가 끝나는 시간을 알려 주어야 한다. 만일 작은 불미스러운 일이 생기면 바로 교회에 누가 되기 때문에 항상 조심해야 한다. 그래서 가능한 시간을 확인하고 그 시간이 되면 교사들이 중간에 먼저 보내는 아이들도 있다. 고학년의 학생들은 그나마 자율적으로 행동할 수 있어 참 다행이지만 또한 넘어야 하는 산이 있다. 고학년생들은 마치 다 자란 성인인 척하는 경우가 많아 능글거리는 아이들을 다루는 것이 처음에 나는 당황스럽고 어려웠다. 그러나 교문 앞에서 정기적으로 만나다 보니 이제는 친해져서 사탕을 가로채기도 하고 다른 아이들에게 말을 걸고 있으면 방해하기도 한다. 그리고 다른 종교를 들먹이며 자신은 하나님을 믿지 않는다고 말하는 아이도 있고 말씀을 조금 안다며 엉뚱한 말을 뱉는 아이들도 만난다. 교회를 다닌다고 해서 어느 교회를 다니느냐고 물으면 대답하는 교회가 하나님을 가장한 교주를 믿는 이단의 종교로 아무런 잣대도 없이 그저 부모님을 따라다니는 안타까운 아이들을 만나기도 한다. 우리는 서로 안타까운 마음을 나누며 만나는 기회가 있을 때마다 그 아이에게 복음을 제시하고 적극적으로 초대한다.

교문에서 보이는 다양한 아이들의 행동은 새소식반 말씀을 전하는 가운데에서도 일어난다. 뒤에 앉아 수군거리는가 하면 옆에 앉은 친구에게 장난을 걸거나 열심히 듣는 아이들을 괜스레 방해한다. 배가 고프다고 간식을 빨리 달라고 조르기도 하며 앞에서 말씀을 전하는 교사들의 정신을 온통 빼앗는다. 심지어 목탁 소리를 내기도 하고 같이 앉은 친구들과 욕설을 섞어 가면서 큰 소리로 방해한다. 정말 마음 같으면 당장 쫓아내고 싶고 다음 주에는 오지 말라고 말하고 싶지만, 꾹꾹 누르면서 진행한다. 이러면서 우리는 더 많은 연습과 준비를 하지 않으면 애써 암기한 내용들이 한순간 다 지워져 머리가 하얘지기 일쑤이다.

그러나 우리는 복습게임 시간에 질문을 던져 그 아이들을 긴장하고 집중하게 만든다. 좋은 인간관계를 유지하려면 같이 식사하라고 한 것처럼 같이 간식을 먹으면서 미운 사람 떡 하나 더 챙겨 주듯 더 챙겨 주게 되고 점점 반항적인 아이들의 태도가 달라지고 우리와 싸우다 보니 점점 더 끈끈한 사이가 된다. 그래서 친구를 초대해 달라는 말에 노력을 보이며 친구를 데려와서 복음 듣게 하는 친구로 바뀌게 된다.

우리는 이제 방해하는 친구들의 행동이 우리에게 관심을 보여 달라는 신호라는 것을 알게 되었다. 점점 하나님의 자녀로 변화해 가는 아이들은 우리에게 자부심이 되고 다음 해를 이어 가게 하는 힘이 된다. 지금은 코로나로 인해 아이들을 초대해서 말씀을 전하고 간식을 먹으며 체계적으로 복음을 제시하지 못하고 있지만 교사들은 교문 앞과 집 주위에서 열심히 전도하고 있다. 우리 모두 새소식반 열 날을 기대한다.

27

주일 아침,
비전센터의 풍경

지난 두 달 동안 1부 예배를 마치고 새소식반을 통해 교회에 처음 예배드리러 오는 친구들과 이 친구들을 인도하여 온 친구를 만나 선물을 주기 위해 비전센터로 오게 되었다.

코로나 이전에는 매주 금요일 오후 비전센터 지하 식당으로 아이들을 초대하였다. 교사들은 각자가 맡은 부분을 아이들에게 시각 자료를 넘겨 가며 찬양과 율동을 가르치고 아이들은 하나님의 말씀으로 기록된 성경 말씀을 시각 자료를 통해 반복적으로 따라 읽다 보면 신기하게도 요절 말씀을 암송하게 된다. 그리고 제일 중요하고 분량이 많은 공과 말씀을 맡은 선생님은 많은 시간을 두고 기도와 연습을 해야 하며 전하는 말씀을 통해 하나님이 누구신지와 그리고 죄는 무엇이고 죄 용서의 유일한 방법이 우리 죄를 대신해서 십자가에서 돌아가시고 3일 만에 살아나신 예수님을 믿고 영접하는 것임을 알려 주고 구원받은 하나님의 자녀가 누리는 특권을 알려 준다. 그리고 아이들이 모두 눈을 감고 진지하게 선생님을 따라 영접 기도하는 모습을 보고 있으면 가슴이 뭉클해진다. 그리고 선교에 대한 비전과 선교 실화를 통해 다양한 선교사님들을 만난다. 이번 시간에 들었던 내용을 문제로 만들어서 맞히는 아이들에게 선물을 주는 복습게임을 한다. 듣기만 하면 알 수 있는 쉬운 문제에 저마다 아이들이 자신 있게 손을 들고 선생님들은 골고루 아이들에게 선물이 돌아가게 해 준다. 그리고 가르치는 교사도 기다려지는 간식 선생님들의 정성이 가득한 간식을 아이들과 같이 먹으면서 아이들을 예배의 자리로 초대하고 약속을 정한다. 시간이 많지 않은 아이에게는 짧은 시간에 복음을 제시하고 간식을 주는 스피드를 발휘해야 한다. 이렇게 역동하는 활력이 넘치는 새소식반을 다시 시작하기를 소망하면서 지금 선생님들은 각자의 자리에서 열심히 전도지를 돌리면서 아이들에게 예배 시간과 장소를 알려 주며 교회로 올 것을 권면하고 주일 비전센터 5층에 선물을 준비해 놓고 기다린다.

남편과 함께 1부 예배 후에 비전센터로 옮겨 매주 새 친구와 인도자가 오기를 기도하는 마음으로 엘리베이터를 타고 있으면 아이들로 인해 가슴이 마구 뛴다. 꽉 찬 엘리베이터 안에 예배드리기 위해 있는 아이들이 너무나 예쁘고 대견하다. 하나님께서 이 아이들에게 두 손 들어 축복해 주실 거라는 생각에 덩달아 기분이 좋다. 그리고 층마다 엘리베이터 문이 열리고 내리는 아이들을 환영하는 아주 짧은 순간 보이는 각 부서의 활기찬 분위기에 나는 감동을 한다. 어떤 층은 문이 열리자마자 주보를 쑥 내민 손길을 만나고 또 어떤 층은 환영의 함성에 깜짝 놀라기도 한다. 나는 '이런 풍경을 보시는 하나님께서 얼마나 기뻐하실까?' 하는 마음으로 비전센터에 우리의 아이들이 가득 차서 하나님을 예배하는 날이 오기를 기도한다. 그리고 부서로 오는 아이의 이름을 일일이 불러가며 하이파이브를 하고 안아 주는 선생님들 헌신의 손길을 보며 나는 선생님께 엄지척을 보내 드린다.

나는 몇 년 전 남편과 함께 중등부를 섬기며 아이들과 신나게 지낸 몇 해의 시간이 생각난다. 전도 1등 하는 반을 만들고 싶어서 리더십이 있는 친구를 통해 방과 후에 설빙 가게로 여러 친구를 불러서 주일예배에 올 것을 약속받거나 주일 롯데리아에 가서 햄버거를 먹으며 함께 잘하자는 결의를 했다. 체육회 때도 신나게 노는 반 분위기를 만들기 위해 체면 불고하고 열을 냈던 일이 생각이 난다. 그러나 꾸준히 성실하게 자리를 지키며 아이들의 성장과 함께하시는 여러 선생님이 대단해 보인다. 한두 해의 열정은 누구나 낼 수 있지만 한결같은 인내로 누적된 힘을 발휘하는 것이 진정으로 영혼을 향한 사랑이 아닐까? 비전센터 위에 하늘 문이 활짝 열리고 하늘의 빛이 아이들의 가슴에 하나님의 비전을 품게 하고 선생님들의 수고에 위로가 되기를 기도한다. 그리고 교회 앞마당인 익투스 광장에서 많은 아이에게 복음을 전하고 하나님을 사랑하는 아이들이 신나게 뛰어노는 상상을 해 본다.

28

좋은 교회 다니기

어릴 때 나는 할머니의 손을 잡고 성당을 다녔다. 나는 하나님을 알아 가는 것보다 그저 나를 끔찍이 아껴 주는 할머니와 나들이하는 것이 더 좋았다. 오가는 길에 따뜻한 햇볕을 받아 마치 보석처럼 반짝이는 강물 위에 놓인 징검다리를 건너는 것은 놀이이고 성당 앞 시장에서 맛있는 것을 사 먹을 수가 있어서 마치 소풍을 나온 듯 주일은 신나는 시간이었다. 그리고 대구로 이사를 오면서는 친구를 사귀는 곳이 되고 밤늦도록 집을 옮겨 가며 즐겁게 노는 학창 시절을 보낸 곳이다.

어른이 되고 서서히 하나님과 멀어지면서 미사 참여는 단지 좋아하는 할머니와의 추억이고 학창 시절의 즐거운 만남의 장소로 마음에 자리를 잡고 있다. 그리고 믿지 않는 남편과의 결혼이 어색하지 않을 만큼 일요일에 나는 일을 하기 위해 약속을 정하거나 남편과 좋아하는 것으로 시간을 보냈다. 그리고 가끔 중학교 때 성경을 배우고 읽은 남편과 뜻이 맞는 날이면 남산동에 있는 성모당을 찾아 머릿속에 각인되어 있는 주기도문, 성모송, 영광송을 반복하며 주문을 외우듯 기도하고는 천천히 남편과 산책하면서 학창 시절의 추억을 떠올려 이야기를 나누고 집으로 오곤 하였다.

예쁜 딸이 태어나고 자라면서 어느 날 문득 우리 부부는 사랑하는 딸에게 하나님을 알려 줘야 한다는 생각이 들었다. 그래서 학창 시절 미사를 보았던 성당을 갔으나 바뀐 전례의 어색함과 딸이 원하지 않아 몇 번의 시도로 그만 다니게 되었다. 그즈음 나는 남편과 딸을 데리고 고마운 분의 권유로 한 번도 생각해 보지 않았던 집에서 꽤 먼 거리의 교회를 처음으로 나가게 되었다. 서로에게 관심이 많은 가족 같은 작은 교회라 오히려 우리 가족에게 보이는 많은 관심으로 오해가 생기고 결국 이 일로 나는 남편과 언쟁이 되고 속상한 감정으로 몇 달 만에 그만 다니게 되었다. 그리고 몇 년 동안 해마다 나는 다이어리에 '좋은 교회 다니기' 목표를 적었고 사람들을 만날 때 나의 목표 이야기를 했던 것 같다.

믿음을 가진 사람들은 믿음의 선배로서 각자가 생각하는 좋은 교회의 조건들은 말해 주었지만 정작 자신의 교회로 오라고 적극적으로 초대하는 사람은 없었다. 그러나 만날 때마다 표정이 점점 밝아지는 지인에게서 아주 귀하게 받은 행복 나눔 초대장을 보고 나는 깜짝 놀라게 되었다. 3년 전 이미 이 교회를 다니는 두 분을 통해 초대의 날에 한 번 가 보고는 계속 다가오는 열정이 부담스러워 피했던 기억이 난다. 그리고 빛나게 웃는 지인의 미소에 이끌려 나는 초대에 임하게 되었고 딸과 함께 두근거리는 마음으로 예배를 보게 되었다.

나의 모든 것을 꿰뚫고 계시는 하나님의 부르심으로 나는 이 교회를 계속해서 다녀야 할 이유를 찾게 되었다. 나는 입꼬리가 올라가야 하늘이 주는 복을 받는다는 글을 읽고 복을 받기 위해 운전할 때마다 빨대를 잘라서 물고 다닌 적이 있었는데 하나님의 말씀을 전하시는 목사님의 입꼬리가 쫙 올라가는 모습을 보면서 나는 여기 있으면 하나님의 복을 받을 것 같다는 강한 생각이 들었다. 이날부터 지금까지 예배를 드리는 교회가 바로 화원교회이다.

나는 죄인임을 고백하고 예수님께서 나의 죄를 대신해서 십자가에서 피를 흘려 돌아가심으로 나는 죄의 정죄에서 벗어났다. 예수님을 영접하고 하나님의 자녀가 되고 마음에 기쁨이 가득하여, 힘든데 힘든 표가 나지 않고 아픈데 아픈 표가 나지 않는 부작용을 겪기도 한다. 그래서 힘들고 아플 때마다 사람을 찾는 것이 아니라 나의 모든 것을 아시는 하나님 앞에 나와 토설하게 된다. 목사님의 설교 말씀은 매번 나에게 눈물로 회개하고 앞으로 나아가는 용기를 얻게 한다. 성령 충만한 뜨거운 금요 기도회는 예레미야 33장 3절의 말씀이 교회에 임하는 시간이다. "너는 내게 부르짖으라. 내가 네게 응답하겠고 네가 알지 못하고 크고 은밀한 일을 네게 보이리라. 아멘." 성령께서 살아서 역사하시는 교회, 110여 년 전 선교사의 헌신으로 세워진 가르치고 전파하며 치유하는 교회, 우리 모두의 영적 부모이신 기도하시는 목사님과 사모님의 말씀과 가르침으로 나는 영적 어린 아기에서 점점 자라 작은 예수가 되기를 소망하며 하나님께 감사함으로 기도를 드린다. 하나님께서는 몇 년 동안 다이어리에 적어 다닌 '좋은 교회 다니기' 소망의 기도에 영혼을 사랑하며 뜨겁게 기도하는 화원교회로 인도해 주시는 응답을 주셨다.

29

기도 응답, 멘토

　나는 교회에 출석하면서 전도인 권사님께 일대일 양육을 받고 연이어 제자대학 양육을 공부하게 되었다. 3년 가까운 시간 동안 양육 공부로 나는 하나님을 사랑하는 자가 되고 예수님을 자랑하는 것이 기뻤다. 일하면서도 양육반, 제자반, 군사반을 연이어서 하게 되었고 드디어 재생산반의 공부가 끝나고 수료식만 남겨 두게 되었다.

　그런데 마음이 기쁘고 뿌듯한 것이 아니라 오히려 주체할 수 없는 공허함이 찾아왔다. 100미터 트랙 위를 전력 질주로 달려가는데 갑자기 결승점이 사라져 버린 듯 나는 '어디를 향해? 어떻게?'라는 목표를 잃어버린 사람이 되었다. 그리고 나는 하나님께 믿음에 대해 조언을 구하고 대화를 나눌 멘토를 만나게 해 달라고 기도를 드렸다. 우연히 비전센터 9층 카페테리아 엘리베이터 앞에서 담임목사님을 뵙게 되었다. 나는 조금도 주저함 없이 저의 멘토가 되어 달라고 부탁을 드렸고 목사님께서는 사모님께 연락해 보라는 대답을 주시고 내려가셨다. 나는 이때까지 사모님이 누구이신지 모르고 있었다.

그리고 나는 하나님께 기도 응답받았다고 생각하게 된 일이 생겼다. 나는 내가 전도한 분을 통해 다른 교회를 다니고 있는 고객을 소개받아 제품을 전하게 되었다. 아파트 벤치에 앉아서 이야기를 나누다 보니 남편이 대전에서 목회 공부하고 있다는 말에 나는 "믿음의 멘토 주시기를 하나님께 기도하고 있다." 하고 말하게 되었다. 그리고 두 번째 만날 때 대학교 교수라는 사람과 동석하게 되었고 대화 중에 나에게 도움이 되는 지인을 소개해 주겠다고 했고 나는 기도의 응답(?)인 멘토를 만나게 되었다. 그리고 뜨거운 8월, 한 달 동안 나는 일주일에 한 번씩 만나 성경을 공부하기로 하였다. 나는 하나님의 말씀인 성경을 배우는 것이 너무 좋았고 나에게 말씀을 가르쳐 주는 사람이 고마웠다. 나는 차를 탈 때마다 듣는 극동방송에서 교회 밖에서 성경 공부하는 신천지 이단을 조심하라는 말을 듣게 되고 그에게 직접 신천지 이단이냐고 묻게 되었다. 자기도 오해를 많이 받는다는 말에 아무렇지 않게 넘겼지만, 공부 중에 부정적인 교회 소식과 목사님들을 평가하듯이 말하는 것이 거슬린다고 생각하게 되었다. 이제까지 한 번도 느껴 보지 못한 부정적인 감정이 들고 응답을 주신 하나님께 감사하는 마음이 점점 옅어지고 이유를 알 수 없는 불안한 마음이 들기 시작했다. 그리고 9월이 되자 마침 내가 일하는 사무실 근처에서 하는 성경 대학을 입학해서 말씀 공부해 보는 것은 어떠냐는 권유에 나는 입학지원서를 적고 다음 주 월요일, 첫 오리엔테이션에 참석하기로 했다.

그리고 금요 기도회에서 왠지 하나님께 부정적인 시선과 불안의 감정을 두고 울면서 기도하게 되었다. 어린아이같이 마냥 기뻤던 감정이 교만의 잣대를 들이대고 은밀한 나쁜 비밀을 가진 자로서 회개하게 되었다. 그리고 남편과 주일 1부 예배를 드리면서 담임목사님의 말씀 대신에 이단 상담 목사님의 말씀을 듣게 되었는데…. 나는 가슴이 두근거리고 떨리는 마음으로 교회를 나왔다. 남편 역시 내가 응답의 기쁨으로 만나는 사람의 이야기를 듣고 있었기에 나의 잘못된 선택을 바로 알게 되었다. 나는 목사님께 연락드렸고 오후에 목사님, 사모님 그리고 이단 상담 목사님과 만나게 되었다. 그분들의 설명을 듣고서 나의 뜨거운 여름 알 수 없는 부정적인 감정과 불안의 정확한 이유를 깨닫게 되었다.

나는 월요일에 교회에서 사모님과 만나기로 약속하고 집에 와서는 쉴 수도 없었고 밤에 잠을 잘 수도 없이 울고 또 울었다. 그리고 나의 은밀한 교만과 밝음과 어둠을 구분하지 못하는 어리석음과 그들에게 속았다는 분함까지 나는 울다가 지쳐서 잠이 들었고 아침에 일어나서 사모님과의 약속을 지키기 위해 교회로 가는 길에 떠오르는 태양의 밝은 빛을 보면서 하나님께서 나를 하루라도 더 늦게 건져 주셨다면 월요일 아침 교회가 아닌 어둠의 장소에 있었을 나를 생각하니 하나님께 감사함으로 눈물을 흘렸다. 그리고 그들의 쓸데없는 연락과 악의에 찬 말은 나에게 아무런 영향이 되지 않는다. 그리고 너무나 감사하게 하나님의 응답으로, 그리고 목사님의 말씀대로 사모님을 믿음의 멘토로 영적인 조언을 구하고 안내해 주시는 말씀을 따르게 되었다.

30

쓰임의 도구

아침 출근길에 극동방송에 흘러나온 찬양 〈예수를 나의 구주 삼고〉를 온종일 중얼거리고 있다. "이것이 나의 간증이요, 이것이 나의 찬송일세, 나 사는 동안 끊임없이 구주를 찬송하리로다." 아멘. 나의 삶이 하나님께 영광을 올려 드리게 되면 얼마나 값질까? 생각만 해도 기분이 좋아진다.

나는 신천지 이단 교회 사람들이 어떻게 접근하는지를 경험했다. 하나님으로부터 기도 응답(?)받았다고 기뻐한 일이 나의 원함임을 알고 이용한 신천지 이단 교회 사람들을 생각하면 화가 나고 속이 상한다. 그러나 나는 이 일로 나에게 주신 하나님의 특별한 사랑을 경험하는 일이 되었고 부모님처럼 영적인 궁금증이나 조언을 구할 수 있는 사모님을 만나게 되었다는 게 너무 기쁘다. 어린 아기가 처음 걸음마를 걸을 때는 자신의 처지를 알지 못하고 두려움도 없이 마구 앞으로 나아가 부딪치고 높은 데서 떨어지는 위험한 순간도 만나게 된다. 나 역시 어린아이처럼 굴었던 모습에 부끄럽고 죄송한 마음이다. 신천지 이단 교회 사람들이 우리 교회 안에도 있어서 목사님과 사모님께서 염려하신다는 말을 듣게 되었다. 우연히 옆에 앉은 두 분의 대화가 내 귀에 거슬렸다. "어떤 집사님이 신천지 교인이라는데…, 성품이 너무 좋아요."라는 말을 들으면서 나는 '아닌데요. 그들은 처음부터 거짓이에요.'라는 말을 하고 싶었지만 모른 척하였다.

안타까운 마음으로 월요 중보기도를 갔는데 사모님을 뵙게 되었고, 나는 한 번도 생각지 않았던 말인 "사모님 제가 신천지 간증할까요?"라는 말씀을 드렸다. 사모님께서는 "그래? 생각해 보자."라고 답하셨다. 처음부터 나쁜 의도적으로 접근하는데 겉으로 보이는 착한 사람, 좋은 사람처럼 행동하는 것에 이끌려 가는 것이 안타깝고 목사님과 사모님께서 속상해하시는 것이 마음이 아파서 나의 못난 행동이었더라도 도움이 된다면 쓰이는 도구가 되고 싶다는 생각이었다. 그리고 바로 다음 날, 수요 예배 시간에 간증하면 좋을 것 같다고 연락하셨다. 그때까지 아무런 준비 없던 마음에 '하나님께 어떻게 하면 좋을까요?'라며 기도하고 매번 만나면서 느꼈던 감정들을 적어 둔 내용을 읽게 되었다. 그리고 하나님께 간절히 저를 도구로 써 주시기를 기도드리면서 예배 중에 간증하게 되었다. 메모지에 잊어버리면 안 될 중요한 몇 단어를 적어서 펼쳐 놓았지만, 막상 시작하니 눈에 하나도 들어오지 않았다. 그저 하나님께서 이끄시는 대로 처음부터 끝까지—내가 무슨 말을 하고 있는지 생각할 틈도 없이—그동안의 일을 사실대로 담담히 전하게 되었고, 나를 응원해 주시는 목사님과 사모님의 모습이 보이고 고개를 끄덕이는 성도님들의 눈빛이 보일 뿐이다. 맘껏 간증할 수 있는 여건을 주심을 감사드리며 큰 실수 없이 마칠 수 있음에 감사를 드렸다.

그리고 주일 청지기 예배에서 똑같은 간증을 다시 하게 되었다. 그런데 간증하고 시간이 지나면서 나는 오히려 마음이 불편하였다. 내가 말하지 않았더라면 나의 어리석었던 행동을 사람들이 모르고 지나갔을 것인데 나의 입으로 자백한 것이 되고 신천지 이야기가 나올 때면 주위 사람들의 시선이 의식되어 나 스스로 주눅이 들었다. 그러던 중 얼굴도 성함도 모르시는 분이 조심스럽게 나에게 상담 아닌 상담을 하셨다. 친한 친구의 초대가 의심스럽고 만난 장소가 내가 말한 그곳인 것 같다며 '어떻게 하면 좋을까?'라고 묻는 분이 계셨다. '성경 공부하자는 선교사님이 있는데 신천지일까요?'라며 묻기도 하셨다. 그리고 내 고객을 만나 이야기를 나누다 보니 신천지 교회인 줄 모르고 만나는 분도 여러 사람 있었다.

나는 이유야 막론하고 진실함이 아닌 거짓으로 사람을 이용하기 위해 처음부터 접근하는 이가 있다면 그것은 재고할 가치가 없는 일이라고 본다. 나는 지금도 하나님께 늘 쓰임의 도구가 되게 해 달라고 기도한다. 나의 삶이 하나님께 찬양이 되고 간증이 되는 삶이고 싶다.

31

내려놓아라

남편이 출근하고 혼자 찬양을 틀어 놓고 식탁에 앉아 커피를 마시며 오늘 새벽기도 말씀인 출애굽기 14장을 읽고 있다. 뒤에는 바로의 군대가 추격해 오고 앞에는 홍해가 있어 심히 두려워하는 이스라엘 백성에게 모세가 한 말이 "두려워하지 말고 가만히 서서 여호와께서 오늘 너희를 위하여 행하시는 구원을 보라. 여호와께서 너희를 위하여 싸우시리니 너희는 가만히 있을지니라."(출애굽기 14:13~14) 거듭거듭 읽으면서 지난 시간을 떠올려가며 회개하고 있다. 애굽 땅에 내린 10가지 재앙으로 노예 신분을 해방해 주신 하나님의 능력을 보지 못하고 눈앞에 처한 환경에 두려워 떠는 이스라엘 백성들처럼 나는 일하시는 하나님을 기대하며 가만히 기다리는 믿음이 나에게 없어서 조급함과 성급함으로 좌충우돌 바쁘게만 뛰어다닌 지난 시간의 어리석음을 보고 있다.

10년 전 기도를 하는 중에 하나님께서는 나에게 '3가지를 내려놓아라.'라고 말씀하셨고 그날 나는 나에 대한 연민에 빠져 무척이나 서럽게 울었던 기억이 난다. 하나님께서는 나에게 제일 먼저 '딸을 내려놓아라.' 말씀하셨다. 그때 나는 '하나님, 딸을 하나님의 손에 맡깁니다. 엄마로서 잘 돌보지 못해서 미안하고 어떻게 키우는 것이 잘 자라는 것인지 알 수가 없습니다. 도와주세요.'라며 순종하였다. 그리고 바로 '남편을 내려놓아라.'라고 말씀하셨고 나는 울면서 하나님께 그럴 수 없다고 했다. 3년만 해보기로 한 남편의 고시 공부가 길어지면서 나는 아내이기보다 학부모가 되어 공부를 뒷바라지하는 인내의 시간을 보냈다. 경제적인 어려움을 해결하기 위해 일하면서 겪는 아픔들을, 남편을 통해 보상받고 싶다고 떼를 썼다. 그리고 하나님께서는 '일을 내려놓아라.'라고 말씀하실 때 나는 너무나 서러워 대성통곡을 하였다. 나는 속상하고 힘든 일이 있을 때마다 일을 통한 성공이 나의 경제적 어려움, 힘든 인간관계, 미루어 놓았던 많은 욕구, 이 모든 것을 다 해결해 줄 거라 믿으며 그동안 상처를 준 이들에게 복수하는 길이라고 생각하며 일은 나의 우상이 되고 나의 삶을 바꿔 줄 유일한 길이라고 생각하고 있었다. 나의 삶을 하나님께 맡겨 드리는 믿음이 없었고 내가 노력해서 이루어 내야 한다는 교만이 가득 차 있었다. 결국 나는 '내려놓아라.'라고 하시는 말씀을 '아멘' 하고 순종할 수 없었다. 그리고 지난 10년 동안 나는 수많은 아픔과 힘든 시간과 싸워야 했다.

열심히 일은 하는데 경제적 어려움은 점점 더 심해지고 공황장애의 두려움은 죽음을 생각하게 하고 남편과 딸의 암 수술과 잦은 교통사고는 나에게 기도 외에 다른 해결할 길이 없음을 알려 주었다. 그러면서 뜨거운 기도의 자리를 사모하게 되고 매일 감사일기를 쓰면서 타는 목마름이 있는 나에게, 부어 주시는 하나님의 생수가 얼마나 시원한 것인지를 깨닫는 시간이 되었다. 모난 돌이 정을 맞아 둥글게 다듬어지듯이 훈련과 연단의 시간을 보내면서 조금은 인내 열매의 결과로 성숙한 이로 변화하고 있다. 그리고 사랑이 아니면 아무것도 아니라는 것을, 아이들을 만나면서 배우게 되었다. 어느 것 하나도 나에게 배움을 주는 스승이 아닌 것이 없다.

하나님께서는 그 이후로 나에게 한 번도 '내려놓아라.'라고 말씀하신 적이 없었으나 지금 나는 스스로 하나님께 무엇을 내려놓아야 하고 무엇을 해야 하는지를 간절히 물으며 나의 자아는 서서히 죽어가고 있다. 내 것으로 생각했던 많은 것들이 주님께서 허락하지 않으시면 아무것도 아님을 고백하며 지금, 이 순간에 다시 다짐한다. 더 이상 미련한 사람이 되지 말자. 그래서 헛된 것으로 보내고 다시 돌아오는 반복의 시간을 아끼자. 내가 원하는 때가 아니라 하나님의 긍휼을 기다리며 하나님의 때에 반드시 일하심을 경험할 것이라는 믿음을 가지고 겸손하게 납작 엎드려 기도한다. 그러나 가슴은 뜨겁게, 소리는 높여 끝까지 하늘 문을 뚫겠다는 각오를 한다.

제5장 사랑 :

사랑받는 자녀의
새로운 출발

32

첫사랑의 뜨거움

이제 아침, 저녁으로 쌀쌀한 기온에 겉옷을 챙겨야 하는 계절이 되었다. 한창 무더위가 극성인 8월, 딸의 가족이 미국으로 떠난 후 나는 한참을 우울한 마음으로 지냈다. 눈앞에 아이들 모습이 아른거리고, 함께했던 행복한 시간은 뒤로한 채 '딸이 두 아이와 함께 새롭게 바뀐 환경에 적응하려면 얼마나 힘들까?' 하는 염려와 곁에서 도움을 주지 못하는 것에 마음이 아프다.

나는 평소에 자녀를 지나치게 염려하는 것은 좋지 못한 기운을 자녀에게 보내는 저주와 같다고 생각하고 있다. 그래서 언제나 엄마인 내가 먼저 긍정적인 마음과 건강한 생활 태도를 보이려 노력하며 딸에게도 밝음의 기운이 전달되기를 바라는 마음이었다. 그런데 나는 염려의 늪에 빠지고, 보고 싶다는 마음에 눌려 무기력한 시간을 보내면서 문득 나는 부산에서 생활하면서 '미국으로 아이들이 가고 나면….'을 전제에 미뤄 놓았던 것들에 관한 생각이 떠올랐다. 특히 예배를 사모하는 간절한 마음과 영의 호흡인 기도와 영의 양식인 말씀의 공급을 받지 못한 아사 상태에서 너무나 힘들었고 아이들과의 기쁨을 누리고 부어 주신 은혜의 감사에 보답하며 살기로 하였는데 나의 말뿐인 모습과 하나님 앞에서 예배드리지 못하던 순간을 모면하는 핑계였다는 생각을 철저하게 회개하게 되었다. 회개는 새롭게 시작하는 힘을 주고 할 수 있다는 자신감을 느끼게 해 준다.

하나님께 사랑과 감사 고백의 글을 쓰며 새벽기도를 시작한 지 3주가 되었다. 음력 15일이 되었는지 구름 사이 얼굴을 내민 보름달이 환하게 교회를 향하는 나의 길에 친구가 되어 주어 마음에는 기쁨이 보름달만큼 가득하다. 어젯밤 나는 빨리 잠이 들고 싶었다. 빨리 핸드폰의 알람이 울고 오늘 새벽 기도의 자리에 나와서 주님을 뵙고 싶기 때문이다. 부정적인 감정은 의지적인 노력으로 없어지는 것이 아니라 하나님에 대한 열망으로 사라지는 것임을 깨닫게 되었다. 나는 이제야 주님에 대한 첫사랑을 회복한 것 같다.

주님을 영접하고 하나님의 자녀가 되고 나는 세상을 다 얻은 기쁨이 있었다. 지금 생각해도 나는 어떻게 가능했는지 생각이 나지 않지만 만나는 고객에게 주님 만난 기쁨을 이야기하느라 진작 일로서 만난 이유를 잊어버리고 올 때가 많았다. 그러나 나는 여전히 공황장애의 두려움에 휩싸여 수시로 찾아오는 가슴이 답답해지고 호흡이 곤란함에 이러다 죽을지도 모르겠다는 공포가 찾아왔다. 나는 나를 돌볼 여유가 없었고, 일하지 않으면 생활이 제대로 되지 않는 상황이었다. 매일 열심히 뛰어야 제자리를 유지하는『이상한 나라의 앨리스』의 거울 나라의 붉은 여왕처럼 쉼 없는 시간을 보내야 했다. 그리고 거울 나라를 벗어나기 위해 더 빨리 달려야 한다는 강박관념에 잡혀 사는 한마디로 일 중독자였다. 쉬는 것이 일하는 것보다 오히려 불안하고 뭔가를 채워야 한다는 생각에 책을 파고 교육을 찾으며 내가 아니면 안 된다는 열등감을 포장한 자존심이 강했다.

이런 나에게 주님은 나를 무장해제 시켜 버렸다. 두껍고 무거운 가면과 갑옷을 벗어 버린 자유로움에 나는 기뻐서 어쩔 줄 모르는 어린아이가 되었다. 나는 교회에서 꽤 떨어진 동네에서 살았다. 저녁 시간 수성구에서 일을 마무리하고 앞산 순환도로에서 대명동에 있는 집으로 내리면 쉴 수가 있는데 나는 집을 지나쳐 한참을 더 달려서 교회 기도실에 방석을 깔고 기도하였다. 처음에는 하나님이라고 목소리를 내는 것조차 어색하고 구할 것은 너무 많은데 '거저 주셔요.' 하기에는 죄송해서 늘 '해결할 힘을 주셔요.'라고 기도를 했던 것 같다. 하루에 겪은 일들을 말씀드리고 누구에게도 말하지 못한 나의 아픔을 내어놓는 시간이었다. 그리고 다리에 쥐가 나면 자세를 바꾸고 다시 기도하고 이렇게 한번 쥐 날 때면 20분간이 흐르고 자세를 바꿔서 다시 20분을 기도하는 훈련의 자리이기도 했다. 그리고 집으로 돌아갈 때의 기쁨과 평안을 잊을 수가 없다.

지금 갑자기 북받치는 뜨거운 감정에 눈물이 난다. 어린이처럼 그저 마냥 기쁨에 춤추었던 시간을 떠올려 주셔서 주님, 사랑합니다. 주님, 다시 시작하게 해 주셔서 감사합니다.

33

진짜 사랑한다면

평소에 나는 TV를 잘 보지 않는다. 그래서 요즘 인기가 있는 드라마나 가수의 노래를 거의 알지 못한다. 가끔 남편을 통해 영화나 드라마를 한참 지난 뒤에 둘이 보는 경우가 있다.

그런데 딸이 아기를 가지고 나서부터 유튜브 영상을 많이 보고 노트 필기를 해서 딸에게 알려 주었다. 출산 준비물은 어떤 것을 준비하는지? 출산 가방 꾸리는 것과 자연 분만과 때에 따라 제왕절개를 할 수밖에 없는 상황들을 알아 두었다. 마치 내가 아기를 낳는 것처럼 공부하는데…. 갑자기 양수가 터져 호기심 많은 애나가 예정일보다 7주나 일찍 태어나서 출산 준비물이 덜 준비된 상태에서 목욕시키는 방법과 트림시키는 방법을 공부하게 되었다. 그리고 평소에 요리 솜씨가 별로인 나에게 유튜브의 요리 샘들을 통해 따라만 해도 꽤 괜찮은 음식을 만들 수 있어서 미국인 아들이 맛있게 먹는 것을 보는 기쁨을 누렸다.

유튜브 영상을 통해 간간이 말씀이나 찬양을 듣는데 우연히 평소에 좋아했던 임재범 가수가 불렀던 '비상'을 듣게 되었다. 그런데 임재범의 허스키 보이스가 아닌 감미로운 가수의 목소리에 마음이 끌리고 이 가수가 누군지 궁금했다. 코로나 시국, 온 국민이 힘들어할 때 위로해 주었던 트로트 열풍의 주역인 가수가 부른 노래였다. 그리고 나는 이 가수가 부른 다른 노래들도 찾아가면서 모두 듣게 되고 심지어 지나간 TV 프로그램을 찾아 종일 노래를 들었다. 그것도 모자라서 노래에 이어 어떤 사람인가 관심을 가지게 되고 네이버 검색을 통해 나이, 소속사, 히트곡 등을 찾아보고 기부나 선행을 알게 되면서 참 착한 사람이라는 생각이 들었다. 그리고 백만 구독자 가지기를 바라며 '좋아요'를 누르고 구독 알람을 설정하고 만나는 사람들에게 노래 듣기를 권하게 되었다. 이런 나를 보고 친구는 우습다고 말을 하지만 나는 꽤 열심을 내었다. 심지어 커피를 마실 때도 그 가수가 광고하는 브랜드의 제품을 선호하게 되고 시간 가는 줄 모르고 집에서는 TV를 보고 바깥에서는 핸드폰으로 노래를 들으며 이렇게 푹 빠져 있으니 자연히 해야 하는 것들은 뒤로 미루어지고 있었다. 그리고 수목원 걸으면서 찬양을 듣지 않고 가요를 듣고 있는 나를 발견하게 되었다.

지난 2주간 내가 아닌 다른 이로 지낸 것 같다. 좋아하고 사랑하는 일에 이토록 마음을 쏟을 수 있는지 나도 알지 못했다. 그러면서 '아, 예수님 죄송해요.'라는 마음과 '나는 진짜 예수님을 사랑하는가?'라는 질문을 하게 되었다. 진짜 사랑한다면 기쁜 마음으로 예수님을 자랑하고 함께 그 사랑을 누리자고 권해야 하잖아. 그리고 말씀을 더 알고 싶고 찬양을 듣고 대화 시간인 기도 시간을 늘려야 되지 않는가? 나에게 이 가수처럼 예수님보다 우위에 있는 것들이 수시로 나타나고 있지는 않은가? 친한 친구는 자신이 좋아하는 가수의 공연을 보기 위해 토요일과 일요일 공연장을 찾아다닌다. 좋아하는 사람끼리 같은 색깔의 옷을 입고 함께 공연을 보고 응원하다 보면 첫 만남이지만 이미 친한 사이가 되고 공통의 주제가 있기에 어색하지 않고 즐겁다고 한다. 내 생각으로는 평일에 일하고 휴일이면 집에서 쉬고 싶을 텐데 친구는 피곤한 줄 모르고 전국을 누비며 삶의 활력을 찾는다. 그리고 가끔은 그 가수의 부모님이 운영하는 카페에서 커피를 마시자고 연락이 오면 나는 친구를 만나러 그곳으로 간다. 친구는 그 어머니와 자기 자녀 이야기하듯 공연 계획과 건강, 관심사를 자연스럽게 나눈다.

나는 진짜 좋아하는 일에 열정을 쏟는 친구를 보면서 나도 예수님을 이렇게 사랑하고 싶다는 마음이 든다. 오직 사랑하는 예수님께 관심을 가지고 그분이 기뻐하시는 일을 하며 그분이 미워하는 죄의 자리에 있지 않은 사람이 되는 것이다. 예수님의 마지막 지상 명령인 영혼 구원에 마음 쏟아서 충성하는 작은 예수가 되는 것이다. 일상에서 함께하시는 예수님을 의식하며 사는 삶이 되고 크리스천의 향기를 가진 사람이 되어 예수님을 위해 자신의 생명까지 기꺼이 내어 드릴 수 있는 사람이 되는 것이다.

34

예수님, 사랑합니다

나는 어젯밤 내내 시험을 치는 꿈을 꿨다. 문제조차 이해를 못 하는데 답을 적어야 하는 황당한 가운데 놓여 있었다. 그리고 낑낑거리며 용을 쓰다가 결국엔 잠이 깼다.

그래도 한동안은 이런 꿈을 꾼 적이 없었는데 나는 몸과 마음이 힘들면 간혹 어려운 문제가 잔뜩 적힌 시험지를 풀어야 하거나 수업 중에 혼자 앞으로 불려 나가 칠판에 적힌 문제를 푸는 꿈을 꾼다. 학창 시절 그래도 공부를 꽤 잘한 편이었는데 꿈에선 지금까지 한 번도 제대로 정답을 적고 선생님께 칭찬을 들은 적이 없는 것 같다.

지난 한 주일 동안 내내 목이 따갑고 말이 잘 나오지 않아 불편하였다. 그리고 '혹시나'라는 생각의 덫에 갇혀 새벽기도 가는 것과 사람들과 만남을 피하였다. 책상에 앉아 글을 쓰면서도 머리가 맑지 않아 쓰다가 중간중간 띄어 놓고 완성하지 못하고 있다. 남편이 출근하고 아침부터 보혈 찬양을 틀어 놓고 잠이라도 한숨 푹 자야겠다고 생각하며 침대에 누웠다. 그러나 생각의 꼬리가 길어지면서 잠을 잘 수가 없어 급기야 일어나 책상에 앉았다. 그리고 하나님께 능력 없는 내가 왜 이리 버거운 일을 하고 있는지 모르겠다며 투정을 부리며 심술이 난다. 몇 시간씩 책상에 앉아서 하나님께서 주신 은혜에 감사하며 '예수님, 사랑합니다.'라며 고백하던 나는 어디로 가고 오늘은 쉬고 싶다는 생각이 들고 마음에 부담감이 가중되고 있다. 그래서 거실로 나왔다. 그리고 나는 무릎을 꿇고 눈을 감고 지난 일주일간 나의 행동을 생각해 보았다. 무엇이 나에게서 기쁨을 앗아갔는지? 무엇이 사랑하는 마음을 대신하고 있는지? 또 아직 나에게 감추어진 무엇이 드러났는지? 나는 나를 들춰 보는 그것이 두렵다. 애쓰고 용쓰는 가운데 언제나 욕심이 드러나고 머릿속에는 계산이 가득 차 있다. 심지어 전지전능하신 하나님께 나의 의도를 숨기고 협상

하는 교만이 있다.

만왕의 왕 앞에 과연 종이 취할 행동이 무엇인가? 그저 무릎 꿇고 머리를 숙이는 일 외에 선택할 행동이 있을까? 아니 선택이라는 생각조차 없어야 하지 않을까? 두 눈에는 눈물이 주르르 흐르고 마음이 너무 아파서 엉엉 서럽게 한참을 울었다. 나는 왜 이리 내가 죽지 않는지? 나는 지난 시간에 일을 통해 성공하는 것이 그동안의 힘들고 어려웠던 일들을 보상받는 길이라 생각했다. 그래서 나에게 언제나 일은 우상이 되고 만족한 결과를 얻기까지 많은 것들을 뒤로 미루어야 했다. 심지어 인간적인 도리마저도 나중에 더 많이 하면 된다고 생각했고 나 스스로에게는 작은 쉼도 허락하지 않았다. 나는 무엇을 위해 어디를 향해 가고 있는지를 깨닫지 못하며 그저 열심을 내는 어리석은 사람이었다.

그러나 하나님의 자녀가 되고 나는 많은 철학자 사고의 시작이 되는 '사람이 어디서 나서 어디로 가는지'를 확실히 알게 되었고 많은 변화를 했다. 나의 삶에 대한 가치관이 바뀌고 나는 가식이 아닌 진정한 기쁨을 누리는 사람이 되었다. 그리고 나는

'주님, 사랑합니다. 주님, 감사합니다.'라는『작은 자의 떨리는 고백』을 하나님께 올려 드리는 것이 나의 소망이다. 긴 시간 동안 마음에서 옅어지지 않고 점점 뚜렷해지면서 하나님께서 주신 은혜를 누군가의 가슴에 전하는 도구가 되고 싶다는 생각이 들었고 글을 쓰기 시작하였다. 그런데 '나는 왜 이리 힘이 드는가?'라는 그 이유를 깨닫게 되었다. 하나님 죄송합니다. 그리고 예수님 죄송합니다. 또 제 의지가 드러납니다. '일하는 대신에 글을 쓴다는 것으로 자리가 바뀌었을 뿐' 여전히 내 의지로 애쓰다가 지쳐 버렸다. 그 깨침이 고맙다. 나는 온몸의 모든 기운이 빠져나갈 만큼 울고 또 울었다. 그리고 신랑 되신 예수님을 떠올려 본다. 내가 정결한 신부가 되기를 바라며 기다리고 계시는 나의 작은 몸짓 하나, 작은 말 한마디, 그리고 심중의 생각까지도 꿰뚫어 고쳐 주시는 예수님 사랑합니다. 죄인인 저를 신부로 맞이해 주시기 위해 기다리고 계시는 예수님 사랑합니다. 오늘의 눈물을 절대로 잊지 않게 해 주시옵소서. 아멘.

35

한 번도
상처받지 않은 것처럼

나는 사람들을 만나 이야기를 나눌 때 내 생각대로 이끌거나 결정하는 것보다 그의 생각을 물어보고 그것을 맞춰 주려고 노력한다. 지금은 상대에 대해 세심한 배려에서 하는 행동이지만 이전에는 그렇게 하지 아니하였다.

사람들의 눈에 보이는 나의 모습은 늘 긍정적이고 에너지 넘치는 사람이지만 나는 마음에 한가득 걱정을 껴안고 미래에 대한 불안으로 이리저리 뛰어다니는 분주한 사람이었다. 그들을 설득하고 나의 뜻을 관철하기 위해 나의 머릿속은 미로에서 빠져나오는 길을 찾듯 늘 복잡하다. 그러다 보니 자연스레 거절에 대한 상처의 흔적이 많다. 사람들의 거절이 일과 제품에 대한 거절이고 그의 처지나 환경에 의한 거절이지만 자존감이 낮은 나는 나에 대한 다른 사람들의 생각이나 평가에 신경이 쓰이고 나를 거절한 것으로 여겨져 상처받았다. 그리고 지난 시간에 겪었던 비슷한 상황을 만나게 되면 '또 상처받을까?' 하는 염려를 하며 먼저 상황들을 회피하며 오롯이 나의 삶을 사는 것보다 사람들의 시선과 가족이 원하는 모습대로 살았다. 그러면서 나는 내 뜻대로 되지 않아 마음이 아팠고 걷잡을 수 없이 마음이 복잡하고 생각이 많아지는 날이면 나는 조용히 눈을 감고 곱씹는 시가 있다.

춤추라, 아무도 바라보고 있지 않은 것처럼. 사랑하라, 한 번도 상처받지 않은 것처럼. 노래하라, 아무도 듣고 있지 않은 것처럼. 일하라, 돈이 필요하지 않은 것처럼. 살라, 오늘이 마지막 날인 것처럼. -알프레드 디 수자

아주 천천히 되새김질하다 보면 나에게 집중하게 되고 오늘에 최선을 다하며 나에게 주어진 일과 사람을 소중하게 대하게 된다. 오스카 와일드는 "현재를 사는 것은 포도알을 입 안에 넣고 으깨어 그 즙을 다 마시는 것이다."라고 한다. 나는 포도알의 상큼함과 달콤함을 느끼는 상상을 해 본다. 포도알을 먹으면서 어제 일을 걱정하고 있다면 그저 단물만 빨아 먹고 버리는 것이다. 오롯이 오늘을 사는 것이 중요하다. 되돌릴 수 없는 지나간 상처의 아픔을 간직하며 평생 자신에게 상처 준 사람을 미워하며 산다면 얼마나 안타까운 일인가? 과거의 생각이나 상처가 현재의 삶을 갉아먹게 두어서는 안 된다. 그리고 미래에 대한 막연한 불안도, 막연한 희망도 오늘을 제대로 살지 못하게 한다. 막연한 불안이 나를 걱정과 두려움으로 묶어 앞으로 나아가지 못하게 한다. 막연한 희망은 나의 오늘 하루 작고 소중한 것들을 보지 못하고 현실에 발을 디디지 않은 공수표들을 난무하게 한다. 오늘을 오늘답게 살기 위해선 무엇을 위해 어떻게 살아야 하는지 삶의 의미를 생각하지 않으면 시간을 낭비하게 된다.

그리고 나는 오늘이 마지막이라고 상상해 본다. 하나님께서 부르시는 날, 이 세상과 진하게 작별하는 시간이다. 나는 남편과 커피를 마시며 대화하는 시간을 가지면서 자주 이야기하는 것이 죽음이다.

남편은 '죽음이 막연하게 30년 뒤, 10년 뒤의 일로 여기면 내 것인 것으로 여겨지지 않지만 5년 뒤, 3년 뒤의 일이고 몇 달 뒤의 일로 다가온다면 지금 이대로 우리의 삶은 괜찮은가?'라고 질문을 던지게 된다고 한다. 이러다 보면 남편과 나는 이제껏 우리만의 문제나 환경을 읽고 해석해 오던 잣대가 달라진다. 우리에게만 집중되었던 생각들이 우리의 아이들에게, 가족이나 형제에게, 그리고 아는 분, 모르는 타인들에게로 관심이 이동된다. 그리고 사회와 나라를 사랑하며 기도가 확장된다.

우리에게 주어진 하나님의 뜻을 생각하게 되며 진정한 기쁨과 행복이 하나님에게서 나오는 것임을 다시 자각하게 된다. 하나님의 자녀에게 죽음은 하나님께 가는 관문이다. 성경 속에서 이 관문을 통과하지 않은 에녹과 엘리야가 있지만 우리 모두에게 반드시 찾아오는 것이 죽음이다. 하나님만이 아시는 나에게 주어진 한정된 시간을 어떻게 보내야 그분을 뵐 때 부끄럽지 않을까? 라는 생각하다 보면 마음에 작은 소명이 자란다. 아름다운 목적지를 향해 가는 여정에서 겪는 어려움은 그 여행의 가치를 더하게 해주지 않을까? 오늘, 새롭게 맞이하는 시간에 가슴 설레며 기대하게 된다.

36

눈물 나무

사람들에게 일하면서 가장 어려운 것이 무엇인가를 물으면 십중팔구는 일로 인한 스트레스보다 인간관계의 어려움을 말한다. 그리고 가장 기쁜 일은 무엇인지 물으면 함께 일하는 사람들에게 인정받는 것이 아닐까? 우리는 크고 작은 관계 속에서 희로애락의 감정을 느끼며 자신의 존재감을 키워 나간다. 그리고 가장 힘들고 상처받는 일 또한 사람들과의 관계 속에서 일어나는 일이다. 특히 가까운 사람일수록 그 사람들에게서 받는 상처는 더욱 크다.

나의 일 역시 혼자 하는 일이 아닌 고객이라는 상대가 있어야 하고 함께 목표를 향해 나아가는 동지가 있어야 한다. 그러다 보니 늘 사람들과의 관계 속에서 하루를 시작하고 하루를 마감한다. 참 감사하게도 나에게는 고객으로 만나 친구가 되고 기도의 동역자가 되는 사람들이 있어 만나면 시간 가는 줄 모르고 하나님께서 자신에게 주신 말씀과 은혜를 나누는 시간이 된다. 그러나 나는 오랫동안 일하면서 상처를 준 적도 많았지만 받았던 크고 작은 상처를 무수히 앓고 있다. 아주 작은 일이라고 생각해 무심하게 넘긴 일이 큰일로 확대되어 오기도 하는가 하면 아주 친밀한 관계가 감정이 소통되지 않아 오해가 생겨 멀어지는 사람이 있다. 나의 실수나 잘못이 원인이 될 때 이해를 구해도 되지 않는 사람들이 있다. 평소에 그 사람들에게 플러스의 감정을 적립해 놓지 못한 나의 불찰과 그들만이 가진 이유도 있을 것이다.

어쨌든 나는 고객의 거절이 '나'라는 사람에 대한 거절이 아님을 알 때까지 상처받고 있었고, 생각지도 못한 사람을 통해 배신이라는 단어를 접하게 되었고 그동안의 노력을 도둑맞는 일이 생겼다. 그리고 그 스트레스로 나는 밤에 잠을 제대로 자지 못했고 공황장애라는 병을 얻었다. 나는 겉으로 웃으며 아무렇지 않게 일을 하면서 두 배의 힘든 감정을 속으로 삭이면서 표현할 곳이 없었다. 그렇다고 일을 놓고 있을 형편이 되지 못해 나는 혼자 울음을 참는 습관이 생겼다. 나의 이런 이중적인 성격이 공황의 증세를 가중하고 있으면서 자존심이라는 옷 속에 열등감을 꼭꼭 감추고 있었다.

나는 너무 힘들어 지쳐 있을 때 하나님의 초대를 받았다. 그리고 하나님의 자녀가 되어 기도라는 엄청난 무기를 가지게 되었다. 나는 일상에서 주어진 어려움을 꾹꾹 참았다가 하늘 아버지께 나아와 엉엉 서럽게 우는 것이 나의 기도다.

왜인지 알 수 없는 상황에서도 크고 작은 차 사고가 끊이지 않아 나는 속이 상할 때가 많았다. 내가 좁은 이면도로에서 천천히 우회전하는데 자기 자녀를 부르기 위해 내민 팔이 내 차의 사이드미러에 순간 스치게 되었다. 누구의 잘잘못을 따지기보다 너무나 황당한 일이라 서로 얼굴을 보는데 '괜찮은 것 같다'라는 말에 그래도 걱정이 되어 병원에 데려다주고 보험회사에 사고접수를 했다. 한참이 지난 어느 날 '아픈 팔의 치료비와 아이들 식사 준비를 할 수 없어서 파출부 도움까지… 합의금이 많이 지급되어 보험료 인상이 된다.'라고 하는 보험회사의 연락에 마음에 울분이 가득하였다. 나는 억울한 접촉 사고도 여러 번이었고 두 번이나 신호대기 중에 뒤에서 박혀 100% 상대방 과실일 때도 병원에 입원해 본 적이 없었다. 그저 지인에게 관리 도움을 받으며 지냈었다.

나는 하나님 앞에서, 그 멀쩡하다며 간 사람이 생각이 나고 속상한 마음에 울며 기도하게 되었다. 그동안 커다란 눈물 나무에 수많은 가지마다 대롱대롱 달려 있던 눈물방울들이 더 이상 지탱할 수 없어 한꺼번에 쏟아져 내렸다. 주체할 수 없는 서러움과 아픔들이 주마등처럼 스치며 울음을 멈출 수가 없었다. 살면서 쌓인 눈물이 한꺼번에 폭포수처럼 쏟아져 내렸고 울 힘이 다 소진될 때까지 울었다. 그리고 나는 알 수 없는 텅 비워진 마음이 느껴지고 할딱거리는 짧은 호흡이 한 번에 뱃속까지 시원해지는 것이 느껴진다. 더 이상 나는 애써 아무것도 채우고 싶지 않다. 그저 하늘 아버지께서 감사하며 어떻게 무엇으로 채워 주실지 가만히 기다리고 있기로 했다.

37

빛 가운데 :
크고 작은 구멍

    부모님께서 작은 섬유공장을 시작하시면서 맏딸인 내가 공장의 일을 도와야 한다는 부모님의 강한 권유로 나는 그때까지 하던 내 일을 그만두게 되었다. 섬유공장 사무실에서 경리 업무를 보면서 현장에서 만든 천이 제대로 되었는지 검사하고 무단결근하는 사람 대신 현장에서 이런저런 일을 대신하게도 되었다. 그리고 직원들의 식사를 만들어 주시는 분을 위해 시장도 보고 음식 만드는 보조 역할도 하며 본사를 가는 일까지 가내공업 수준이라 익숙하지 않은 많은 일을 해야 했다. 나는 서툰 일을 하면서 기계에 옷이 말려 들어가 상처를 입기도 하고 기계 고장으로 북이 날아와 얼굴을 스쳐 흉터가 생기기도 하였다. 그러면서도 나는 작업 현장에서 부주의로 버려지는 원단이 생산되는 것이 용납되지 않아 늘 현장을 다니며 지적하고 고치게 했기에 생산된 원단은 본사에서 파견된 검사원의 검사에서 늘 최상의 평가를 받게 되었다. 나의 지적질은 끊이지 않았다.

   결혼하고 내 일을 시작하면서 눈에 거슬리는 것을 지적하고 실수를 용납하지 못하는 나의 성품이 그대로여서 만나는 사람들에게 상처를 주는 일도 많았고, 배가되어 되돌아오는 상처를 나는 고스란히 받아야 했다. 그리고 거절에 대한 두려움도 있지만 무엇보다 어제까지 친구처럼 잘 지낸 사람이 말없이 연락되지 않아 사람에 대한 불신의 마음이 점점 커지는 것이 힘들었다. 그리고 나는 내 삶의 주인이 나라고 여기며 경제적인 자유와 시간적인 자유를 누리는 것이 최고의 삶이라고 생각하며 그것을 이루기 위해 장기 목표와 단기 목표를 세워 놓고 그것을 달성하기 위해 리더십 교육프로그램들을 찾아다녔다. 더불어, 자기계발서들을 읽을수록 나는 나의 뜻을 관철하고 상대를 설득하는 도구로 책을 사용하는 교묘한 사람이 되어 갔다.

나의 계산된 만남으로 나는 크고 작은 상처가 많이 있는 사람이 되었지만, 하나님의 예정된 부르심에 의해 나는 하나님 앞에 서 있다. 나는 우는 어린아이의 심정으로 그동안 내가 받은 상처와 아픔이 만들어 낸 헤아릴 수 없이 많은 크고 작은 구멍이 난 옷을 입고 있다. 입고 있는 옷의 구멍이 너무 많아 마치 누더기를 걸치고 있는 거지의 모습으로 하나님 앞에 서 있다. 그때 하늘에서 눈이 부실 만큼 찬란한 빛이 내려와 나를 비추었다. 그리고 수많은 구멍 사이로 빛이 지나간다. 그러자 나는 그 찬란한 빛 가운데에 서 있는 빛의 사람이 되었다. 만일 내가 이렇게도 많은 크고 작은 구멍이 없었다면 나는 빛을 막는 사람이 되었을 것이다.

나의 못남으로 인한 상처와 아픔을 빛의 자녀로 바꿔 주시는 하나님의 은혜를 깨닫고 나는 펑펑 울었던 기억을 생생하게 가지고 있는 기도회 이후로 나는 문제를 대하는 마음가짐과 태도가 바뀌었다. 분명 지난 시간과 똑같은 문제를 만났지만 나는 달리 해석한다. 나는 문제나 어려움을 만나면 하나님께 더 가까이 나아오라고 부르시는 손짓이라고 생각하며 '고난은 하나님께서 보내시는 변장된 축복'이라는 말씀을 조금이나마 이해할 수 있게 되었다. 크고 작은 아픔이 없었다면 나는 교만함으로 내 인생의 주인은 나라며 죄의 자리에서 여전히 열심을 내고 있지 않겠는가? 문제가 문제로 여겨지지 않고 오히려 기대하는 마음이 되는 것은 이것이 언제나 나에게 깨달아 배우는 기회가 되거니와 이길 힘의 근육이 점점 더 단단해지기 때문이다. 나는 이제 하나님께 '나의 나 된 것은 다 하나님의 은혜입니다. 나를 높이기도 하시고 낮추게도 하시며 부요하게도 하시고 가난하게도 하시는 분은 오직 하나님이십니다.'라고 고백한다. 그림 퍼즐 판에 듬성듬성 놓인 퍼즐 조각들로 지금은 완성된 그림을 알 수 없지만, 나로 인해 완성된 하나님의 꿈을 기대하며 하나님 보시기에 아름다운 인생이 되기를 소망한다.

38

할머니가 되고 보니

　나는 딸이 태어난 지 10개월이 되면서 일을 시작하였다. 그리고 꽤 오랜 시간을 친정 부모님 댁에서 함께 생활하다 보니 부모님께서 어린 딸을 데리고 주무시고 또, 딸이 좋아하는 것을 만들어 먹이고 필요한 것을 사 주셨다. 그리고 딸을 데리고 놀이터로 가서 신나게 놀 수 있게 해주고 동화책을 읽어 주셨다. 이렇게 나는 딸이 자라는 과정에 부모님의 도움을 참 많이 받았다. 딸이 감기로 아플 때도 나는 일을 하는 데 있어 전혀 불편함을 느끼지 못하고 지나갈 정도로 두 분의 사랑은 지극하셨다. 그래서 나에게 딸은 건강하게 태어나고 스스로 잘 자란 것 같은 안일함이 있었다.

그러나 딸이 사랑하는 미국인과 결혼하고 예쁜 애나와 귀여운 브랜든을 출산함으로 나의 기존 생각을 완전히 바꿔 버렸다. 이제야 철이 들어 부모님의 보살핌을 깨닫고 더욱 감사하게 되었다. 조그마한 아기인 애나를 어떻게 목욕을 씻겨야 하는지? 또, 트림은 어떻게 시켜야 먹었던 분유를 토하지 않게 되는지? 고민하게 되었다. 데리고 자면서 하룻밤에 기저귀를 갈고 분유를 먹이는 일 외에도 몇 번이나 깨어서 잠은 잘 자고 있는지 살피게 되어 피곤한 가운데에도 잠을 깊이 잘 수가 없다. 그러면서 딸을 조금 더 쉬게 하고 조금 더 잘 수 있게 하는 것이 나의 기쁨이고 나의 소망이다.

미국인 아들과 딸이 여행을 다녀오거나 서울 미국대사관에 일이 있어서 가거나 평택으로 쇼핑하러 가는 날이면 애나와 둘이 지내는 밤에 애나를 위해 기도하고, 애나가 잠이 들면 찬양을 틀고 딸의 가정을 두고 혼자 기도하는 시간을 보낸다. 딸의 가정이 하나님을 섬기고 하나님의 인도하심 안에서 사는 복된 가정이 되기를 간절히 기도한다. 나는 엄마일 때보다 할머니가 되어서 더 많이 공부한다. 엄마일 때는 부모로서의 도움과 지식과 정보가 많지 않아 시행착오를 거치느라 어떻게 딸이 자라서 돌이 되고 어린이집을 가고 유치원을 다녔는지 기억이 가물가물하지만, 딸의 출산이 가까워질수록 준비할 것과 알아야 할 것들을 노트 필기를 해서 딸에게 알려 주고 배우면서 할머니가 될 준비를 했다. 유튜브를 통해 전문가들의 정보를 찾아 배우면서 애나가 아프거나 불편한 환경에 놓이지 않게 미리 조심하게도 되고 월령별 이유식을 만들 때도 도움을 많이 받았다. 두뇌에 자극을 주는 오감 놀이를 위해 수박, 두부, 파스타 등을 준비하고, 촉감을 느끼게 하는 책들과 노래와 소리가 나는 장난감들을 가지고 즐거운 놀이가 되게 한다. 그리고 애나의 눈높이에 맞춰 대화를 많이 하는 것 또한 굉장히 중요하다. 함께 공원을 산책하며 자연을 느끼게 해주고 문화센터에서 하는 프로그램에 함께 참여하다 보니 할머니는 만능 엔터테인먼트가 되어야 한다는 생각이 든다. 그리고 너무나 예쁜 애나와 브랜든 덕분에 참으로 행복하고 감사한 시간을 보낸다. 그러나 후두염과 폐렴으로 고열이 나는 밤에는 두 시간마다 열을 재고 해열제를 먹이며 언제 응급실을 가야 할지 두근거리며 밤을 뜬눈으로 보내고 다음 날, 아침에 입원하여 간호사 선생님이 약한 혈관에 주삿바늘을 꽂을 때 아파서 우는 애나를 차마 볼 수가 없어 그저 눈을 감고 함께 울기만 하였다.

이렇게 애나와 브랜든과 지내면서 나는 하나님의 마음을 조금씩 알아간다. 독생자 예수님을 우리의 죄를 대신하여 내어 주실 때 얼마나 아프셨을까? 그만큼 나를 사랑하고 우리를 사랑하시는 그분의 사랑을 어디에 비교할 수가 있을까? 눈에 넣어도 아프지 않은 아이들을 보면서 하나님의 사랑을 배운다. 그리고 너무나 감사하다. 그래서 아이들이 미국으로 떠난 지금 남편과 나는 틈틈이 교회 전도지 사이에 이렇게 나의 작은 소망을 적어 돌리고 있다.

우리의 아이들이 참 소중하지요. 목숨과도 바꿀 수 있을 만큼 참으로 소중하지요. 우리의 아이들이 살아 내야 할 세상이 녹록지 않겠다는 생각과 부모인 우리가 아이들 힘의 근원이 되어 주지 못한다는 생각이 들수록 기도하게 됩니다. 저에겐 딸애가 고3 초기에 암 수술을 받은 때가 가장 힘들었고 그때 가장 감사한 일이, 기도하며 도움을 청할 하나님이 계신다는 것이었습니다.

지금 제가 할머니가 되고 보니 그때 그 감사가, 그 소망이 더욱 또렷합니다. 이른 아침, 맨발로 운동장을 걷는 중에 문득 다른 아이들에게 하나님을 소개하고 싶다는 강한 마음이 듭니다. 소중한 우리 아이가 기도하고 의지하며 살아갈 수 있는 그분이 전지전능하신 하나님이시라면 최고가 아닐까요? 저의 소망은 우리의 아이들에게 하나님을 소개하는 최고의 부모가 되었으면 합니다.

제6장 감사 :

그저 감사,
깨달음이 감사

39

감사일기 첫날의 풍경

나는 꽤 오래전부터 감사일기를 적어 봐야겠다고 생각하고 있었다. 자기계발서의 여러 책에서 감사일기를 적으면서 가치관이 바뀌고 삶이 바뀐 저자들의 이야기를 읽으면서 '아~ 나도 저들처럼 살고 싶다' 하는 열망이 가득하여 교보문고에 갈 때마다 10년의 긴 세월을 적을 수 있는 마음에 쏙 드는 예쁜 공책을 찾고 있었다. 그런데 생각지도 않게 셀 리더에게서 작고 앙증맞은 감사 일기장을 선물받았다. 나는 하나님께서 준비해 주시는 기도 응답으로 생각하고 너무나 기뻐하며 감사일기를 적기 시작한 첫날의 일기 내용이다.

눈이 와 세상을 온통 하얗게 멋진 그림을 주신 하나님께 감사.

지하철 속의 분주한 사람들 속에서 열정을 배우게 됨을 감사.

우연히 만난 친구의 생일이 어제였다는 말에 식사를 같이 하고 축하할 수 있어서 감사.

딸의 성적이 올라갈 일이 많아 앞으로 승리할 일만 있어서 감사.

남편의 염려로 두꺼운 파카를 걸치고 글을 쓰고 있어 감사.

눈으로 기도회 대신 성경 읽기와 감사일기를 쓰게 해 주서서 감사.

주, 나의 하나님. 천지 만물을 창조하시고 좋은 것, 영광스러운 것, 행복한 것, 멋진 것…

모든 것은 다 나의 주, 나의 하나님께서 주관하십니다. 저를 만들어 주시고 저보다 더 저를 아시는 주, 저의 원함과 필요를 채워 주시는 나의 아버지 하나님 모든 영광을 받으옵소서.

2012년 12월 29일 토요일 새벽 2시

차가운 바람이 뼛속 깊이 스며듦으로 가슴이 시원해지고 머릿속의 모든 찌꺼기가 다 빠져나감에 감사.

걸어서 관문시장에 가서 장을 보면서 남편과 딸의 모습을 떠올리니 마냥 행복하고 감사.

책상에 앉아 공부하는 딸이 너무 예뻐 감사.

음치가 부르는 찬송가 288장 〈예수를 나의 구주 삼고〉를 모른 척 들어 주는 남편과 딸 감사.

제품 주문을 15만 원이나 해준 정희 씨께 감사.

새벽꿈에 너무나 맑은 풍경 속에 있는 나의 모습에 감사.

주, 나의 하나님, 나의 아버지 사랑합니다. 가슴 저리듯 사랑합니다. 나의 하나님 아버지께서 저를 든든히 지켜 주심에, 마음에 평강 주심에, 사랑의 눈으로 사물을 보게 하여 주심에, 내일의 비전에 가슴 설렘을 주시는 나의 아버지 감사합니다.

2012년 12월 29일 토요일 밤

감사일기 첫날, 새벽에 기도하며 설레는 마음을 가지고 적었던 순간이 지금도 생각이 난다. 그때 나는 하나님께 이렇게 기도를 드렸다. 하나님, 저는 지금부터 10년 동안 감사일기를 쓰겠습니다. 10년 뒤에는 많은 저자들처럼 저도 성공한 사람이 되어 경제적, 시간적 자유로운 사람이 되게 해주시옵소서. 그리고 부자가 되어 나누는 삶을 사는 사람이 되고 싶습니다.

…그리고 시간이 흘러서 이제 12년이 넘었다. 14권의 감사일기를 쓰면서 한 권씩 한 권씩 권수가 늘어 가면서 감사가 쌓이고 상처의 마음이 회복되어 간다. 나는 10년을 쓰겠다는 마음으로 시작하였기에 중간에 그만둘 생각을 해 본 적도 없고 여러 권을 적고 있다는 자랑을 하고 싶은 마음도 없었다. 그저 묵묵히 적었고 10권이 넘어가면서 나는 가슴이 뛰고 있다. 그리고 내 버킷리스트의 하나인 감사일기 1,000권 나누기를 실천한다.

나는 모든 것이 바뀌었다. 먼저는 성공이라는 가치관이 바뀌었고 부자의 잣대가 바뀌었다. 세상의 성공이 아닌 하나님 앞에서 작은 자로 사는 것이 성공한 삶이며 행복한 삶임을 깨닫게 되었다. 그리고 자족하는 마음이 어떠한 부자가 가지는 있는 마음보다 여유로움이 있다는 것을 알게 되었다. 그리고 감사가 영성이 되고 감사일기가 영성의 일기가 되어 간다. '모든 것이 하나님의 은혜입니다.'라며 감사함을 고백하는 매일매일을 살고 있다.

40

기도할 수 있어 감사
(딸 수술)

　퇴근하고 집에 오니 근심이 가득한 얼굴로 딸은 '낮에 배가 아파서 집 앞에 있는 의원에 갔더니 산부인과로 가 보라 했고, 거기서 종합병원에서 재검사해 보라는 소견서를 받았다.' 하며 소견서를 주는데 마음이 '쿵' 하고 바닥에 떨어졌다.

　다음 날 아침, 서둘러 카톨릭병원에 가서 여러 가지 검사를 하고 결과가 나오는 날에 맞춰 예약하고 돌아오는데, 알 수 없는 불안한 생각이 자꾸 들어 영상의학과에 근무하는 조카에게 사실을 말하고 결과를 알아봐 달라고 부탁했다. 그리고 다음 날 조카에게서 결과가 좋지 않은 것 같다며 전문의를 추천해 주고 의사 선생님과 검사 결과 보는 시간에 함께 있어 주었다. 그리고 서둘러 수술 날짜를 정하고 근심 어린 얼굴을 하는 딸에게 "딸, 걱정하지 마. 엄마가 하나님께 기도하고 있어."라며 태연하게 말했지만, 딸이 잠든 시간 우리 부부는 울면서 하나님께 "우리 딸, 살려 주세요."라며 간절히 기도를 드렸다. 그리고 불안한 마음에 교회 사모님께 연락드리고 병원에 입원하는 날, 목사님께서 딸의 머리에 손을 얹고 기도해 주셨다.

나는 병원에서 환자복으로 갈아입은 딸을 보면서 울음을 꿀꺽꿀꺽 삼켜야 했고 의사 선생님에게서 '만일'이라는 단서와 함께 절제해야 하는 부위와 앞으로 아기를 갖지 못할 수도 있다는 엄청난 말을 들었다. 나는 더 이상 눈물을 참을 수가 없었다. 딸에게 차마 난소암이라고 말할 수가 없어서 '배를 자꾸 부르게 하는 혹을 떼어내야 한다.'라고 말을 했다. 그리고 수술실로 들어가고 대기실에서 오로지 눈을 감고 하나님께 기도를 드렸다. 수술하시는 의사 선생님의 손을 통해 하나님께서 직접 딸을 수술해 주시기를 간절히 기도드리는 중에 갑자기 딸의 이름이 호명되고 보호자는 수술실로 들어오라고 한다. 나는 너무나 떨리는 마음으로 수술실로 들어갔고 입구에 수술하시는 의사 선생님이 기다리고 계셨다. 따님이 아직 어린 나이라 매우 나쁘지는 않다는 전제하에 한쪽 나팔관을 제거하고 나머지는 차후에 지켜보고 결정하겠다고 얘기하는데, '아, 하나님 감사합니다.'라는 마음과 함께 하나님이 주시는 형언할 수 없는 평강이 찾아왔다. 그다음의 말들인 '너무 빨리 종양이 커지면서 튼살처럼 틈새로 액이 흘러나왔기에 엄청난 양의 물로 장기들을 씻어야 했다는 말, 떼어낸 크기가 얼마나 큰지…' 등은 귀에 들리지 않고 오직 하나님께서 딸을 돌보아 주신다는 믿음이 마음에 가득하니 오히려 감사와 기쁨의 마음으로 변하게 되었다.

수술실에서 깨어나기를 기다리며 나는 오직 하나님께 감사기도를 드리고 딸이 마취에서 깨어나 웃는 모습이 얼마나 사랑스러운지. 나의 모든 것을 다 주어도 아깝지 않다. 그리고 방귀를 뀌지 못해서 3일간 물 한 모금 먹지 못하고 그저 거즈에 물을 묻혀 입술에 대는 딸과 함께 자연스레 금식하게 되었고 딸과 함께 병원을 걸어 다니면서 중학교 때 기숙사에서 지내면서 1주일 만에 집에 와 변을 보면 냄새가 난다고 했던 말조차 미안해서 손을 꼭 잡는다. 그리고 하나님의 은혜로, 의사 선생님의 지혜로운 판단으로 빠르게 회복하고 딸이 집에 가고 싶다는 말에 선생님과 의논하고 주말에 퇴원했다.

퇴원하는 첫날, 집에 와서 열이 오르기 시작했고 위험하면 바로 병원으로 가겠다고 연락해 놓고 딸의 배에 손을 얹고 간절히 기도하면서 차츰차츰 열이 떨어지는 하나님의 치유 손길과 기도 응답의 체험을 딸과 함께 알게 해 주셨다.

나는 언제나 딸에게 '엄마가 기도하고 있어.'라며 항상 믿음의 무기를 주신 하나님 알아 가기를 기도한다. 그동안 정기적으로 MRI 검사를 하고 이제 자유로움을 누리는 딸이 싱가포르 어학연수를 가게 된다. 저녁에 같이 앉아서 '예수님이 어디 계시는지?, 하나님의 자녀는 반드시 천국을 가야 한다.' 하는 것을 상기시켜 준다. 하나님께서는 가장 좋은 엄마, 가장 능력 있는 엄마가 어떤 사람인지를 가르쳐 주셨다. 바로 자녀를 위해 하나님께 기도하고 있는 엄마이다.

지금 딸은 미국인 남편과 결혼하고 대견하게도 두 아이의 엄마가 되어 미국에서 살고 있다. 마음 한편에 '혹시 아기가 안 생기면 어쩌지?'라는 나의 깊은 내면의 신음에도 하나님께서는 응답해 주셔서 할머니가 되게 해 주셨다. 나는 딸과 아들, 두 천사 이렇게 네 명의 아이들이 늘 보고 싶다. 그래서 항상 기도한다. 그리고 기도할 수 있음에 눈물 나도록 감사를 느낀다. 주님, 사랑합니다. 감사합니다.

41

작심삼일을 이긴 이유, 사랑과 감사

감사일기를 쓰는 저녁 시간은 조용히 찬양을 들으며 책상에 앉아서 오늘 나에게 주어진 것에 대한 감사를 적으며 내일에 대한 기대와 소망을 품는 기쁨이 있다. 나는 감사일기를 쓰면서 지금은 이해가 되지 않고 알 수 없는 모든 것이 하나님의 섭리 안에서 이루어지는 것이라는 믿음과 기다리며 인내하는 시간을 통해 이기는 근육을 단련하게 된다. 그리고 참으로 하나님의 은혜 안에서 사는 삶이 얼마나 값지고 행복한 삶인지를 깨닫는다. 심지어 시련이라는 이름으로 포장된 선물도 기꺼이 기대하며 풀어 보게 되고 그 안에서 소중한 하나님의 뜻하심을 알아 가고 있다.

나는 좋은 것을 나누듯이 아시는 분들에게 감사일기를 쓰기를 권하며 꽤 많은 감사 일기장을 선물해 드렸지만, 꾸준히 매일 쓰는 분이 많지 않다는 것을 알게 되었다. 시작은 쉽게 하는데 매일 지속하는 것이 쉽지 않은 것 같다. 그러면서 나도 어떻게 매일 쓸 수 있었는지를 감사일기를 쓰기 시작한 몇 년 뒤에 그 이유를 알게 되었다.

그날, 나는 해결해야 할 문제 앞에서 힘이 쭉 빠져 모든 것을 포기하고 싶은 마음으로 찬양을 틀어 놓고 누워서 꼼짝도 하지 않고 있었다. 아무런 생각도, 아무런 행동도 하기 싫어 그저 가만히 죽은 듯이 누워 있으니 갑자기 감사일기가 생각이 나고 그동안 쓴 일기장을 다 꺼냈다. 그리고 첫날의 설레는 마음과 그때의 일을 떠올리면서 찬찬히 읽어 내려가다 보니 나의 문제는 나의 안중에서 사라지고 기록된 내용들을 다시 생각하면서 혼자서 웃고 울면서 읽다 보니 가슴이 울컥해지며 눈물이 쏟아지고 걷잡을 수 없는 감사한 마음에 대성통곡을 하게 되었다. '감사합니다'로 적혀 있는 수많은 사람과 마주친 문제와 아픔의 고통 속에서 나는 하나님께 기도하며 감사하며 사랑한다고 고백하는 수많은 일들을 만나게 되었다.

그리고 문득 알게 된 사실이 있다. 감사일기를 적기 시작한 삼 일째 날부터 나는 40일 작정 기도를 시작하였다. 나와 함께 사무실을 사용하시는 분의 아들이 백혈병으로 투병 중이라 달리 도움을 드릴 길이 없어서 나는 기도로 중보하기로 결단하였다. 하나님께서 그분의 아들에게 치료의 광선을 비추시어 창조의 원 상태로 회복되기를 기도하며 그의 조상에게서 오는 견고한 진을 없애 주시고 나쁜 것이 틈타지 않게 대적 기도 하였다. 그리고 굳건히 견디는 용기를 주시고 한 생명을 소중히 여기시는 하나님의 사랑 덧입기를 기도하였다. 그리고 기적에 가까운 회복의 소식에 밝은 얼굴로 만나 서로 껴안고 기뻐하며 하나님께 감사기도를 드렸다. 이렇게 40일간의 기도가 나에게 유익이 되었다는 것을 나중에 알게 되었다.

나는 감사일기를 쓰면서 한 중보기도 덕분에 감사일기 쓰기가 완전히 습관이 되어서 지금까지 이어지고 있다. 감사일기 쓰기 한 달이 채 되기 전에 딸의 아픔으로 병원에서 난소암 판명으로 수술받고 회복의 과정에서 나와 남편은 눈물의 회개 시간이었고 간절히 기도하며 보낸 하루하루가 고스란히 감사일기에 적혀 다시 사랑과 감사로 회복하는 힘을 얻는다. "다만 이뿐 아니라 우리가 환난 중에도 즐거워하나니 이는 환난은 인내를, 인내는 연단을, 연단은 소망을 이루는 줄 앎이로다." 아멘(로마서 5:3~4)

감사가 쌓일수록 나의 가치관이 바뀌어 10년 전, 꿈꾸었던 성공의 모습이 아닌 지금 그저 하나님께 기쁨이 되고자 하는 소망을 지닌 작은 자가 된 것이 더 기쁘다. 무엇을 소중히 여기며 살아야 할지를 알게 되면서 늘 근심과 두려움에서 나의 과장된 밝음으로 포장된 숨겨진 상처가 하나씩 드러나고 치유가 되는 시간에 참 많이 울었다. 기도회 시간마다 나는 늘 눈물과 콧물, 그리고 땀으로 범벅된 깨끗하지 않은 모습이지만 머릿속은 상쾌하고 가슴은 기쁨으로 가득 차서 집으로 돌아온다. 그리고 남편에게 쉼 없이 나의 토설 기도를 말한다. 그리고 남편의 손을 꼭 쥐고 기도하며 단잠이 든다. 새롭게 시작하는 힘을 주셔서 주님, 사랑합니다. 주님, 감사합니다.

42

핸드폰과의 동행

이른 아침, 집에서 꽤 먼 곳인 동변동에 있는 공원에서 혼자 맨발 걷기를 하고 있다. 2월이라, 아직 땅의 차가움이 발바닥에 고스란히 전해져 온몸의 감각신경이 살아나는 것 같다. 그리고 싸한 아침 공기가 머릿속을 깨끗하게 정화를 시켜주는 것 같은 이 느낌을 나는 좋아한다.

나는 지난밤 이곳에서 피부 관리하는 원장님과 함께 저녁을 먹고 둘이 서로 등 관리해 주었다. 피곤하면 늘 생각이 나는 분이고 더구나 맨발 걷기를 좋아해서 만나면 꼭 가게 앞 공원에서 한 시간 맨발 걷기를 한다. 둘이 천천히 걸으면서 그간의 안부를 나누고 일하면서 겪는 어려움과 최근에 만난 고객들의 근황도 듣게 된다. 한 시간가량 함께 걷고 가게에 와서 발을 씻고 소파에 앉아 따뜻한 차를 마시고 원장님을 자택 아파트 입구에 내려 드리고 집으로 출발하면서 남편에게 '이제 동변동에서 출발해요.'라는 문자를 넣기 위해 핸드폰을 찾았으나 보이지 않는다. 신천대로로 접어든 후라 운전을 멈출 수가 없어 가방에 한 손을 넣어 더듬거려 보았으나 잡히지 않고 차 방석 위에도 보이지 않는다. 나는 결국 핸드폰을 두고 온 것이다.

이때부터 마음에 염려가 되기 시작한다. 가게에 있으면 다행이지만 맨발 걷던 공원에서 잃어버렸으면 쉽게 찾지 못할 것이라는 걱정이 들었으나 당장 연락할 수도 없고, 순환도로라서 되돌아갈 수도 없고 되돌아간다고 해도 원장님 자택 동호수를 모른다. 자주 연락을 주고받는 사이지만 원장님의 휴대전화 번호가 머릿속에 저장되어 있지도 않다. 이렇게 무거운 마음으로 집에 도착했고 지나간 다이어리를 뒤져 가며 겨우 그분의 휴대전화 번호를 찾을 수가 있었다. 주말 부부라 다행이라는 생각에 늦은 시간임에도 불구하고 남편의 핸드폰으로 전화를 드려 내일이른 아침에 가게에서 만나기로 약속하고 잠자리에 들었으나 마음엔 혹시나 바깥에서 잃어버렸으면 어쩌지? 하는 염려를 하며 잠을 청하였다.

이른 아침에 일어나 출퇴근의 복잡한 도로를 피하려고 일찍 와서 혼자 맨발을 걷고 있다. 지난밤 불안했던 나의 마음 상태와 행동을 생각해 보았다. 그리고 평소에 잠시라도 핸드폰을 두고 다니지 않는다. 가까운 가게를 갈 때도, 운동장에서 맨발 걷기를 할 때도 항상 가지고 있고 없으면 괜히 불안하다. 약속 시간보다 일찍 가게 되어도 유튜브에서 구독 중인 말씀을 듣거나 이슈가 된 것을 찾다 보면 금방 시간이 지나갔던 것이다.

약속 시간에 맞춰 도착한 원장님을 보니 반갑다. 소파에 떡하니 있는 핸드폰을 찾아 밤사이에 온 빨간 불들을 끄기 시작한다. 그리고 카톡 단체 방에 매일 아침 보내던 굿모닝 메시지를 보내고 나니 마음에 평안이 찾아왔다.

나는 주님과 동행한다고 하지만 핸드폰과 동행한 삶을 사는 모습을 깨닫게 되었다. 매일 성경을 읽지 않거나 기도하지 않았어도 이렇게 애가 탈까? 분명 아니다. 그저 '오늘은 바빴으니, 내일부터 제대로 해야지.'라며 미루기 일쑤이고 그다지 열심을 내지 않는다. 그리고 어느 날부터 외우고 있던 전화번호가 하나둘씩 나의 머릿속에서 사라져 딸의 휴대전화 번호가 생각나지 않아 당황할 때가 있고 지금 친정아버님의 휴대전화 번호가 가물거리고 있다. 분명 핸드폰은 들고 다니는 컴퓨터이다. 언제든 지식을 찾아서 검색할 수 있으니 편리하고 암기할 필요가 없다. 메모하는 것은 잊어버리기 위해 적는다고 한다. 그래서 아인슈타인이 기자 회견 중, 기자의 질문에 자기 집의 전화번호를 메모에서 찾았다고 하지 않았던가? 나는 요즘 제자반을 공부하면서 매주 주어지는 말씀 암송을 힘들어하고 있다. 외우고 있으면서 기도 중에 사용하면 얼마나 힘을 얻을까? 자주 접하는 에베소서 6장에 이르기를 말씀은 성령의 검이고 사탄과 싸워 이기는 유일한 공격 무기가 아닌가? 나는 점차 핸드폰과의 동행 시간을 줄여 볼 생각이다.

43

꿈 이야기

　공황장애로 밤에 잠을 제대로 잘 수가 없다. 자다가 가슴이 답답하고 숨을 제대로 쉴 수가 없어서 벌떡 일어나서 창문 밖으로 고개를 내밀어 겨울의 찬 공기를 들이마시지만 시원하지 않다.

　함께 일하는 사람에게 심한 상처를 받은 아픔이 어느 날 갑자기 공황장애를 가져오게 되었다. 자기계발서들을 읽으면서 애써 태연하게 보이며 정신력으로 버티는 선을 넘어 버렸다. 겉으로 타인의 시선을 의식하며 무심한 듯 있으려는 노력이 진작 나에게 독이 되었나 보다. 마음이 아프다는 것이 어떤 것인지 알게 되었다.

나는 잠을 잘 자지 못함으로 일의 의욕이 떨어지는 것으로부터 이렇다가 호흡이 안 되어 죽을 수 있겠다는 두려운 생각으로 힘든 싸움을 하고 있을 때 기도회에서 목사님의 인도를 따라 하게 된 것이 호흡 기도이다. 그리고 집에서 저녁마다 불을 끄고 허리를 펴고 편안하게 앉아서 마음으로 '성령님'을 부르며 천천히 숨을 들이마시고 참았다가 '사랑합니다.'라며 아주 천천히 온몸의 찌꺼기를 다 끌어올려 뱉어 내듯 숨을 내쉰다. 이렇게 반복해서 호흡하다 보면 온몸의 힘이 빠지고 나도 모르는 새 스르륵 누워 잠이 든다.

자면서 자주 꿈을 꾸고 꿈속에서 이유를 알지 못하는 것들과 치열한 영적 전쟁을 치른다. 얼굴이 안 보이는 이들이 나타나 나의 목을 조르고 가슴을 누른다. 나는 소리를 질러 함께 자는 남편을 깨우고 싶은데 말이 입 밖으로 나오지 않고 서너 명을 감당하기에 힘에 부친다. 숨이 막혀 죽을 것 같은 절체절명의 순간에 기도해야 한다는 생각이 들고 나는 "나사렛 예수의 이름으로 명하노니 어둠의 영은 떠나가라." 명령하니 순간 짓눌림에서 자유롭게 되고 그러나, 안도의 숨을 쉴 새도 없이 나에게서 떠나 딸을 공격하기 위해 딸의 방으로 간다. 따라가서 온 힘을 다해 떨쳐 내려 하지만 나가지 않았고 나는 또 예수님의 이름으로 어둠의 영에 명령으로 쫓아내고 승리했다. 나는 분명 꿈을 꾼 것이지만 온몸이 땀에 흠뻑 젖어 잠을 깨우게 되었다. 나는 비록 꿈속이었지만 죽을 것 같은 영적 전쟁을 치르면서 훈련받았고 나는 힘을 얻어 기도회의 시간은 전쟁하듯이 치열하게 기도하는 습관이 생겼다. 상상력을 가지고 기도하라는 목사님의 말씀대로 나의 모든 상상력을 동원해서 가장 강력한 무기를 취하여 싸운다.

며칠 뒤에 나는 호젓한 산길을 혼자서 운전하며 달리고 있었다. 너무 아름다운 경관에 온통 마음이 빼앗겼다. 나는 오르막길을 한참 오르게 되고 이제 내리막길로 들어서게 되었다. 아름답던 내리막길이 점점 가파르고 좁아지더니 겨우 내 차가 지나가게 되고 막다른 곳에는 강물이 나타났다. 나는 되돌리기에는 이미 너무 늦었고 그렇게 할 수 없이 차에 탄 채 강물에 빠지게 되었다. 차가 물속으로 잠기면서 차 안으로 서서히 물이 차오르고 몸은 점점 차가워졌다. 나는 물속에서 어떻게 할 수 없이 죽음을 만났다. 그리고 나는 하나님께 내 생의 마지막 기도를 드렸다. '하나님, 이제 저는 죽습니다. 저의 영혼을 하나님 품으로 거두어 주시옵소서.'라고 기도하자 순간 나는 꿈을 꾸고 있는 것을 인식하게 되었고 나는 잠에서 깼다. 차가운 물에 몸이 서서히 잠기면서 내 몸도 따라 점점 차가워졌던 너무나 생생한 느낌을 잊을 수가 없다.

나는 공황장애로 인한 죽음의 공포를 꿈을 꾸면서 만났고 이 이후로 죽음에 대한 두려움이 없어졌다. 하나님 품으로 돌아가는 것이라면 기꺼이 기쁨이 될 수 있다는 것을 알게 되었고 꿈을 통해 나의 영적 상태를 조명해 보았다. 나는 비록 꿈속에서 겪은 일이지만 실제 같은 전쟁을 하며 실제 같은 죽음을 맞이한 것 같다. 나는 공황의 증세가 사라져 한동안은 호흡 기도하고 있지 않지만, 성령님의 도움을 얻는 최고의 방법의 하나인 것 같다. 숨을 자유롭게 쉰다는 게 누구에게나 당연한 일이라 생각하지만, 하나님의 특별한 사랑이기에 우리는 호흡을 의식하지 못한다. 그러나 몇 분간의 호흡을 멈춤은 곧 생의 멈춤이기에 거저 주심에 감사하다.

44

피아노 조율하듯
(부부)

　남편의 세심한 배려로 둘이 젊은 날 데이트할 때처럼 고속버스 제일 앞자리에 앉아서 경주로 행복한 여행을 다녀왔다. 가을이라 걷기 좋은 날씨다. 파란 가을 하늘의 캔버스 위에 손가락으로 찍은 듯 펼쳐진 양털 구름에 눈길을 보내며 황리단길을 걸으면서 떠오르는 많은 이야기를 나눈다. 벌써 30년이 된 일이라 잊고 있었는데 추억의 장소에 오니 모든 것이 새록새록 생각이 난다.

　남편의 국민은행 첫 발령지가 경주여서 신혼집을 구하기 위해 몇 주를 거쳐 발품을 팔았으나 원하는 집을 찾을 수가 없었다. 은행이 시내 중심에 있어서 걸어서 출퇴근할 수 있는 가까운 황남동에 살 집을 구하려고 하는데 전부 한옥들이라 주인이 사는 안채를 빼고 세를 놓은 곳은 대다수 작은 방들과 부엌이 있고 거실이 없어서 결국은 버스를 타고 출퇴근하는 신도시로 계획된 동네에서 살게 되었다. 아파트는 많지 않았고 포항으로 나가는 외곽에 있었다. 집을 구하기 위해 발품을 팔았던 곳이 지금은 젊은이들 문화의 거리로 화려하게 변화된 모습에 깜짝 놀랐다.

우리는 골목길로 접어들면서 신혼 시절 일들을 떠올리며 이야기를 나누었다. 11월 초 결혼하고 집으로 손님들을 초대하는 일이 많았다. 직장과 양가 어른들은 물론이고 친구의 방문도 있었다. 김치는 어머니의 도움을 받았지만, 나머지는 혼자서 할 수밖에 없어서 여성 백과 책을 펼쳐 놓고, 맛있어 보이는 음식을 선택한 것이 아니라 만들기 쉬운 음식을 찾아 가며 고민하게 되었다. 경주역 앞에 있던 시장을 빙빙 돌고 있을 때 발견한 것이 싱싱한 해물들이었다. 대구 동성로에 해물탕 골목이 있어서 친구들을 만나면 자주 먹으러 가던 곳이었지만 집에서 끓여 먹는다는 것을 한 번도 생각조차 한 적이 없었다. 그러나 싱싱한 해물을 파시는 어르신이 해감하고 손질하는 방법을 알려 주는 대로 해 보니 꽤 맛있고 푸짐한 상차림이 되었다. 커다란 전골냄비에 콩나물을 깔고 싱싱한 꽃게와 소라, 그리고 키조개와 가리비, 대합, 미더덕과 손질된 여러 가지 조갯살을 사서 보기 좋게 담고 고운 고춧가루와 마늘 정도로 가볍게 양념해도 해물 본연의 최고 맛이 된다. 색깔이 있는 약간의 채소와 마지막에 쑥갓이나 미나리 한 움큼이면 화룡점정이다. 그리고 문어숙회와 데친 싱싱한 오징어에 파랗게 데친 쪽파로 감아서 곁들이면 맛과 모양을 한꺼번에 뽐낼 수가 있었다. 그리고 동생들이 자주 놀러 왔다. 감포로 낚시를 갈 때도, 포항으로 해돋이를 보러 갈 때도 주말에 우리 집에 자고 새벽에 가곤 하였다. 그러면 나는 항상 해물탕을 끓여 주었고 한 냄비를 깨끗하게 비웠다. 그리고 봄이 되면서 깻잎 김밥 20줄은 기본이고 감자와 달걀을 삶고 오이와 당근을 각각 마요네즈에 버무려 예쁜 색깔의 샌드위치를 만들어 소풍을 다녔다.

다시 겨울이 오기 전에 남편은 고시 공부하기 위해 은행 일을 그만두었고, 나는 생각지도 못한 삶이 시작되었다. 나는 친정 부모님의 도움으로 10개월 된 딸을 맡기고 일을 시작하였다. 지금도 처음 출근하는 날이 눈에 선하다. 할머니한테 안겨서 빠이빠이 하는 딸을 보며 울지 않아 다행이지만 한편으로는 너무나 섭섭해서 내가 눈물이 났다. 그 이후 나는 쉼을 몰랐다. 아니 쉴 수 있는 처지가 되지 못했다. 자기 뜻대로 되지 않는 남편은 점점 자신과 사회에 대한 불신의 감정에 화가 늘어 가고 그 화를 나와 딸은 고스란히 받을 수밖에 없다.

둘이 황리단길 어느 한옥 2층 카페에 앉아서 녹차 빙수를 먹으면서 나는 남편에게서 받은 생채기의 흔적을 지금은 웃으면서 이야기하고 있다. 하나님께서 나를 자녀로 택하시지 않으셨더라면 지금은 어떤 모습으로 있을까? 살아 호흡하는 것부터 모든 것이 감사하다. 기와지붕 위에 따스한 햇볕을 즐기듯 고양이 한 마리가 급할 것이 하나도 없다는 듯 천천히 거닐면서 우리에게 눈길을 준다. '우리 둘 사이에서 딸의 아픔은 또 얼마나 많았을까?'라고 생각하니 미안하고 고맙고 멀리서 생활하는 딸의 가족이 엄청나게 보고 싶어진다.

우리는 대화하는 내내 삶을 여기까지 인도해 주신 하나님께 감사하다는 말을 수없이 하고 있다. 어려움을 잘 이겨 내고 서로의 아픔을 안아 주며 여기까지 와 있는 우리 부부가 참 대견하다. 그리고 좋아하는 사람과 함께 황리단길을 예쁜 한복을 입고 거닐듯이 우리 부부가 함께 걸어가야 하는 길에 크리스천으로서 아름다움이 입혀지기를 꿈꾸고 기대한다.

45

부부란,
함께 꿈꾸는…

 나는 가끔 남편이랑 왜 아직 같이 살고 있는가? 생각해 본다. 너무나 다른 둘이 함께 산다는 것은 분명 각자의 희생이 없으면 살 수가 없을 것이다. 나에게 누구보다 마음 훈련을 시켜 주고 교만하지 않게 한 번씩 머리를 꾹꾹 눌러 주는 감사(?)한 사람이 남편이다. 나도 나름 꽤 융통성이 적은 고지식한 사람이지만 남편은 분명 나보다 한 수 우위다.

 그러나 나에게 이런 모든 것을 덮고도 남을 한 가지가 있다. 매주 함께 예배드리고 카페에서 커피를 마시며 꽤 긴 시간을 하나님께서 우리 가정에 부어 주시는 축복과 은혜에 감사하며 하나님을 사랑하고 기도 중에 느꼈던 것을 나누는 것이다. 처음 나 혼자 교회에 다닐 때 가끔 딸이 동행할 때도 있었지만 거의 혼자 예배를 드렸었다.

나는 1년 뒤에 남편이 예배를 함께 할 때까지 나의 기도 제목이 남편 전도였다. 남편의 영혼 구원을 위해 기도하면서 사랑함을 배우고 인내함을 배웠다. 설득당하는 것을 싫어하며 스스로 결정하는 남편이기에 나는 하나님께 기도하는 것이 최고의 방법이었다. 남편이 교회에 오고 한 달이 지날 즈음이다. 군대 생활할 때 발바닥에 티눈 같은 것이 생긴 것이 있어 다행히 걸을 때 바닥에 바로 닿지 않는 움푹한 곳이라서 생활하는 데 크게 불편하지 않았고 아주 가끔 티눈 연고를 사야 할지 병원에 가 보아야 할지 생각만 하고 오다가…. 오랫동안 미련하게 방치한 것이 드러났다. 토요일 아침 남편은 며칠 전부터 발바닥에 있는 티눈에서 진물이 난다며 걱정스러운 말을 했다. 전에는 내가 걱정을 말하면 늘 괜찮다고 하였는데 이제 더 이상 미루면 안 되겠다 싶어서 집에서 가까운 피부과를 찾았고 의사는 긴말도 하지 않고 바로 종합병원에서 진료받을 수 있게 소견서를 적어 주었다. 우리는 서둘러 의사가 추천해 준 병원에 가서 가벼이 발바닥 수술을 받고 일주일 뒤 조직 검사 결과가 나올 때까지 집에서 소독하고 통원 치료하기로 했다. 그러나 수술 부위가 깊었고 염증이 생겨 월요일 입원을 하고 며칠 뒤, 다시 수술하게 되었다. 의사는 간단한 수술이라고 말하였지만 나는 수술하는 내내 하나님께 집도하시는 의사의 손길을 붙들어 주시고 피부이식까지는 하지 않고 회복할 수 있게 되기를 간절히 기도를 드렸다. 그리고 수술실 문이 열리더니 익숙한 발이 보이고 다행히 부분마취여서 남편이 건강해 보이고 상처가 크지 않아 피부이식을 하지 않았다는 말에 하나님께 감사기도를 드렸다. 그리고 마취 약 기운이 풀려 통증을 느낄 때마다 끙끙거리는 남편이 애잔하다가도 병원에서조차 깔끔한 성격대로 요구하는 것들이 많아 그 마음이 확 사라진다. 내가 얼마나 힘이 드는지를 모른다. 감기로 열이 나서 정신이 몽롱한 나에 대해 배려해 주지 못하는 것에 속이 상하였다. 아픈 발가락이 어디에 닿기나 할까 염려가 되고 휠체어는 뜻대로 운전이 되지 않아 좁은 화장실에서 힘으로 움직이다 보니 이마에 땀이 배어 나온다. 남편은 수술로 인한 통증으로 밤새 끙끙거리고 나는 감기로 목이 따가워 말이 나오지 않는다. 의자에 앉아서 잠을 청하다 보니 온몸이 무겁고 허리가 아팠다. 고통스러운 밤을 보내고 나니 감기 바이러스도 주인을 잘못 만났다며 떠났는지 다행히 한결 나았다.

남편의 수술로 인해 또다시 우리는 하나님께서 얼마나 남편을 사랑하시는지를 깨닫게 된다. 미련하게 병을 키우고 있는 우리에게 하나님께서는 더 나빠지지 않고 수술할 수 있게 인도해 주셨다. 조직 검사 결과도 상피암이라 다른 장기로 전이가 되지 않았고 절제한 수술 부위가 잘 치료되고 재생되어서 전혀 불편함이 없다. 남편은 수술로 인해 하나님의 사랑을 다시 확인하는 계기가 되었고 우리는 감사로 예배드리는 부부가 되었다. 그리고 지금 함께 딸의 가정을 위해 기도하는 엄마, 아빠이고, 할머니, 할아버지인 것이 참 좋다. 더 나아가 함께 하나님을 전하는 부부가 되는 그림은 얼마나 아름다울지 생각만 해도 기분이 좋다. 글을 쓰고, 필사하면 언제나 깔끔하게 마무리해 주는 남편은 나에게 최고의 동지이고 도움이다.

에필로그 :

주님 사랑합니다, 주님 감사합니다

　이제 내 나이에서 삶의 여정을 되돌아보며 가장 중요한 일들을 만난다.

　나이가 든다는 것은 늙어 가는 그것이 아니라 성숙해 가는 것이라는 말을 읽은 적이 있다. 지금까지 살아온 시간에 대한 결과물이고 선택에 대한 축적이 가져다준 삶이 내 앞에 와 있다. 내가 지금 나인 그것이 너무 좋다. 다시 젊은 시절로 되돌아가고 싶지 않을 만큼 지금, 이 순간이 좋다. 그만큼 지난 시간은 아팠고 힘들었으며 분주하고 여유가 없었다. 그러나 이 모든 것이 달라진 이유는 하나이다. 어둠의 영 지배에서 하나님의 자녀로 신분이 바뀌었기 때문이다. 그래서 난 늘 기록한다. 사람은 망각하는 자이기에 언제나 자기중심으로 돌아갈 수 있고 자기가 해낸 것으로 착각하며 감사를 잊게 되기 때문이다. 잘되면 내 탓, 못되면 남 탓을 하는 것이 사람의 본성이다.

인생의 삼모작에서 마지막 시기 농사를 짓기 시작하면서 난 딸의 결혼으로 의젓한 아들이 생겼고 하나님께서 두 아기 천사를 보내 주셔서 우리 가정은 셋에서 여섯이 되는 배가 부흥했다. 딸의 인생에서 가장 소중한 출발을 함께 누릴 수 있는 시간을 주신 하나님께 감사드린다. 눈에 넣어도 아프지 않은 사랑스러운 두 아기의 성장을 통해 다시 하나님의 사랑을 느끼게 된다. 독생자 예수님을 나의 죄를 대신해서 내어 줄 수 있을 만큼의 그 큰 사랑을 감히 짐작이나 할 수 있었을까?

또한, 곁에서 친정아버지를 하늘나라로 배웅해 드릴 수 있는 시간을 주신 것에도 무척 감사하다.

성격이 너무나 다른 남편과 함께 예배드리고 감사하며 의기

투합할 수 있는 것 또한, 하나님의 은혜이다. 생각이 들어오면 바로 뛰어나가는 나를 잡아당겨 주저앉히는 건 남편의 몫이다. 어떤 때는 속상하고 답답하지만, 한 번씩 꾹꾹 눌러 주는 사람이 나에겐 필요하다.

2023년의 시편 23편 말씀 양식은 늘 부족한 것에 생각이 있어서 '어떻게 하면 더 일하고 넉넉한 노후를 준비해야 하는가?'라고 고민하던 나에게 삶을 바라보는 시선을 바꾸어 주었다. 하루에도 수십 번씩 말씀 양식을 먹다 보니 어느새 "여호와는 나의 목자시니 내게 부족함이 없으리로다."라는 시편 기자의 고백이 나의 고백이 되었다. 팔순이 넘고 쇠약하신 아버지의 갑작스러운 호흡곤란으로 병원에 입원하고 퇴원하는 중에 아버지를 집에서 간호하시던 어머니 또한 허리 골절이 와 꼼짝없이 누워 지내야 하셨다. 부모님의 천국 소망이라는 오직 한 가지 이유로 나는 두 분을 돌보아 드리는 부모님의 보호자가 되었다. 보호자로서 식사를 준비하고 병원에 가서 부모님 약 처방 받고 어머니의 기저귀를 갈아 드렸다. 함께 지내며 손가락 인형으로 어린아이에게 하듯이 이야기를 시작한다. "보셔요. 노란 병아리는 황금으로 된 천국이에요. 근데 얼굴이 까만 양은 죄가 있어서 천국에 못 가요. 아버지, 어머니는 천국 가셔야지요?" 고개를 끄덕이는 두 분 앞에 난 다시 인형이 꽂힌 손가락을 편다. "자, 가는 방법을 알려 드릴게요. 이 빨간색은 예수님의 십자가 피예요. 예수님의 피는 죄를 씻어 주는 능력이 있어요. 예수님을 마음에 모시면 이렇게 하얀 양이 되어서 천국에 갈 수 있어요." 이렇게 하면서 죄 용서를 고백하고 예수님을 영접하시고 의식조차 없으셨던 아버지의 건강이 조금씩 회복되고 어머니의 거동이 좋아지시기까지 2023년 한 해를 마무리하였다.

2024년 주어진 말씀 양식은 예레미야 29장 11절 "여호와의 말씀이니라 너희를 향한 나의 생각을 내가 아나니 평안이요 재앙이 아니니라 너희에게 미래와 희망을 주는 것이니라."이다. 나는 이 말씀을 받고 남편이 보는 가운데 확정을 주셨다. 지금도 그때 감동을 잊을 수가 없다. 나는 해마다 주어지는 말씀이 두렵고 떨리는 한편 설렘과 기대를 한다. 2024년을 시작하면서 두 마음이 들어왔다. 재작년 딸의 가족이 미국으로 떠나면서 2년 뒤에 다시 한국으로 발령받을 수 있게 신청하겠다고 아들은 약속

했었다. '올해 한국 근무를 신청은 했고 특히 한국 근무지는 경쟁이 높고 서류심사와 면접을 보는 일과 발표가 나기까지 몇 달이 걸린다.'라고 한다. 나는 딸의 가족이 너무 보고 싶어 애나를 돌보면서 적어 둔 글들을 읽어 보고 정리해서 그 원고를 출판사에 보내게 되었다. 처음에는 무모한 도전이었고 몇 곳의 거절은 너무나 당연했다. 하나님께 기도하면서 난 두 가지를 다 달라고 뻔뻔하게 기도하는 나를 보았다. 하나를 선택하면 하나는 버려야 된다는 생각을 나도 모르게 가지고 있었다. 그래서 어느 하나를 들어 주시려면 아이들이 한국으로 오면 좋겠다고 기도를 시작했다. 그러던 어느 날 마음에 드는 생각이 '왜 하나여야 돼?' 한다. 나의 아버지는 모든 것을 하실 수 있는 분인데 나의 가치관과 나의 믿음이 하나님의 능력을 제한하고 있다는 생각이 들었다. 그리고 나는 두 가지의 소망을 두고 기도하면서 따뜻한 봄날, 응답이라는 기쁨을 누리는 사람이 되었다. 출판 과정까지 어려움이 없지는 않았지만 난 『하이 애나, 나는 한국 할머니란다!』 책을 출간하게 되었다. 또, 늦도록 더위가 극성이었던 8월 말 딸의 가족이 한국으로 오는 응답도 받았다. 나를 보자마자 기억한다는 애나의 말에 난 흥분했다. 6개월을 함께 우리 집에서 지내다가 아들의 직장이 있는 부산으로 가게 되었다. 함께 지내면서 주거 공간을 아이들이 지내기 좋은 환경으로 바꿀 필요가 있었다. 덕분에 그간 정리하지 않고 쌓아 둔 많은 물건을 버리고 나누면서 정리하게 되었다. 12월이 되면서 감사한 일을 적고 회개 기도하면서 내년의 말씀 양식 주시기를 기도했다.

다른 어느 해보다 12월 초 일찌감치 2025년 말씀 양식을 받았다. 그래서 나는 마음 한편에 '이게 아닌가, 더 기도해야 하나?'라는 의문을 가지게 되었다. 2024년 연말이 다가오면서 아버지께서 폐렴으로 급히 병원에 입원하시고, 나는 부산에서 아이들과 행복한 성탄절을 보내고 왔다. 아버지께서 집으로 퇴원하시는 날 동생들과 다 함께 아버지를 뵈었다. 이날 왜인지 그냥 아버지 곁에서 어머니와 지내고 싶었다. 저녁 식사와 약을 잘 드시고 푹 주무시기에 밤새 거실 의자에 앉아 안방 문을 조금 열어 놓고 계속 아버지를 살펴 드렸다. 빨리 날이 새면 좋겠다고 생각하는데 '크렁크렁' 숨소리가 커져서 살금살금 아버지에게 가서 일으켜 앉히려는데 깨지 않으신다. 날이 조금 더 밝으면 억지로라도 깨워서 입안의 가래를 뱉게 해 드려야겠다며 거실로 나왔다. 그리고 얼마의 시간이 지나지 않았는데 무서울 만큼 고요한 정적이 느껴서 아버지에게로 달려갔다. 이것이 아버지와의 마지막 밤이었다.

2025년 말씀 양식으로 예레미야 33장 2~3절 "일을 행하시는 여호와, 그것을 만들며 성취하시는 여호와, 그의 이름을 여호와라 하는 이가 이와 같이 이르시도다. 너는 내게 부르짖으라 내가 네게 응답하겠고 네가 알지 못하는 크고 은밀한 일을 네게 보이리라."의 말씀을 주셨다.

나는 아버지가 이렇게 빨리 소천하실 줄 정말 몰랐다. 남은 우리에게 큰 어른이 되어 주셔서 감사하다. 말씀 양식을 왜 그리 일찍 주셨는지 새해가 되고서야 알게 되었다. '하나님의 뜻이라면' 하는 명제 앞에 오랜 시간 기도하던 일이 간증 책을 내는 것이었다. 하나님의 일하심을 어떻게 피조물인 우리가 알 수 있겠는가? 이후의 삶은 아무것도 알 수 없지만 큰 어른이셨던 아버지의 소천과 맞물려 드문드문 퍼즐 조각들이 하나씩 놓여 가면서 나는 이제 행동으로 옮기고 있다. 나의 간증이 누군가의 가슴에 하나님의 살아 계심이 느껴지고 예수님의 사랑하심에 아픈 상처가 회복되기를 기도한다. 그리고 성령님의 일하심으로 살아가는 데 힘이 되고 능력이 되기를 기도한다.

주님 사랑합니다, 주님 감사합니다.

작은 자의 떨리는 고백

ⓒ 류관순, 2025

초판 1쇄 발행 2025년 4월 29일

지은이	류관순
펴낸이	이기봉
편집	좋은땅 편집팀
펴낸곳	도서출판 좋은땅
주소	서울특별시 마포구 양화로12길 26 지월드빌딩 (서교동 395-7)
전화	02)374-8616~7
팩스	02)374-8614
이메일	gworldbook@naver.com
홈페이지	www.g-world.co.kr

ISBN 979-11-388-4219-8 (03810)

- 가격은 뒤표지에 있습니다.
- 이 책은 저작권법에 의하여 보호를 받는 저작물이므로 무단 전재와 복제를 금합니다.
- 파본은 구입하신 서점에서 교환해 드립니다.